cushu

クシュ book2

中島有香の
お菓子で日本酒

新潟のおいしい日本酒を
気軽に、楽しく

日本酒にお菓子が合うわけない。
甘いものなんて、つまみになりえない。
そんなことを思っているあなた。
それは大きな誤解です。

日本酒のタイプはさまざま。
甘く感じるもの、辛く感じるもの
すっきり、こっくり、どっしり
華やかな香り、清楚な香り、お米の香り……。

これだけ懐が広い日本酒が
お菓子と合わないわけがありません。

日本酒好きな人はもちろん
いままで日本酒を知らなかったあなたも
お菓子の扉から、日本酒の世界へ。
きっと新しいおいしさに出会えます。

contents

sweets　日本酒にぴったりなお菓子

6　赤味噌クッキー
8　黒酢のレアチーズ
10　揚げさつまいもの山椒砂糖まぶし
12　お餅のスイートバルサミコかけ
16　チーズ焼きりんご
18　オリーブスティック
20　ほうじ茶のミルクゼリー
22　焼きカマンベール
26　コーヒーあずきかん
28　いちじくの日本酒コンポート
30　かぼちゃとパイのパフェ
32　黒糖ナッツのラスク風
34　濃厚チョコゼリー
36　越後姫のメレンゲ焼き
38　チーズ抹茶ボール
40　甘酒のアイスクリーム
42　黒豆のビスコッティ風
46　ブルーチーズケーキ
48　豆乳のマンゴームース
50　ドライトマトのマドレーヌ
52　ヨーグルトホワイトチョコクリーム
56　ココナツライス
58　あんこ春巻き
60　酒粕揚げボール
62　白玉のみたらし風
64　梅干し蒸しパン
68　甘栗チョコ
70　茶豆のワンタン揚げ
72　ごまカスタード
74　とろーりきな粉ミルク

drink　日本酒リキュールを使って

66　ヨーグルトグラニテ入りゆず酒
67　梅酒ゼリー入りサイダー

matching　お菓子に合うお酒

14　赤味噌クッキー〈普通酒・本醸造酒〉
　　黒酢のレアチーズ〈純米吟醸酒〉
15　揚げさつまいもの山椒まぶし〈純米酒・純米吟醸酒〉
　　お餅のスイートバルサミコかけ〈個性派タイプ〉
24　チーズ焼きりんご〈吟醸酒〉
　　オリーブスティック〈全種類〉
25　ほうじ茶のミルクゼリー〈純米酒・純米吟醸酒〉
　　焼きカマンベール〈吟醸酒・純米酒〉
44　越後姫のメレンゲ焼き〈大吟醸酒〉
　　チーズ抹茶ボール〈吟醸系〉
45　甘酒のアイスクリーム〈本醸造酒〉
　　黒豆のビスコッティ風〈本醸造酒〉
54　ブルーチーズケーキ〈普通酒・本醸造酒〉
　　豆乳のマンゴームース〈純米吟醸酒〉
55　ドライトマトのマドレーヌ〈純米酒・純米吟醸酒〉
　　ヨーグルトホワイトチョコクリーム〈吟醸・純米吟醸酒〉
76　甘栗チョコ〈純米酒・純米吟醸酒〉
　　茶豆のワンタン揚げ〈純米吟醸酒〉
77　ごまカスタード〈本醸造酒〉
　　とろーりきな粉ミルク〈吟醸酒〉

78　中島有香のｃｕｓｈｕがたり
81　日本酒が楽しくなる！ｃｕｓｈｕ講座
88　新潟県の酒蔵リスト
98　新潟の地酒が買える酒屋さん
108　日本酒イベント情報
80　ｃｕｓｈｕ・webサイトのご案内

110　さくいん

・本書の材料欄で紹介している大さじは15mℓ、小さじは5mℓです。
・ゼラチンを使って冷やし固めるときの目安の時間は2時間以上です。
・本書掲載の価格は原則として消費税込み、希望小売価格です。

赤味噌クッキー

味噌の香りがほのかに香る
なつかしい味わいのさっくりクッキー。
お惣菜感覚でつまめます。

材料（約 14 枚分）

○小麦粉	150g
○ベーキングパウダー	小さじ 1/2
○バター	50g
○グラニュー糖	60g
○たまご	1 個
○ショートニング	50g
○赤味噌	大さじ 1
○アーモンド	14 個

1 小麦粉、ベーキングパウダーは合わせてふるっておく。
2 ボールに室温に戻したバター、ショートニングを入れて泡立て器で混ぜ合わせる。
3 なめらかになったらグラニュー糖、赤味噌を入れてさらに混ぜる。溶きたまごを少しずつ加え、混ぜる。
4 1を 3 回くらいに分けて 3 に加え、そのたびさっくりと混ぜ合わせる。
5 天板にオーブンシートを敷き、生地をスプーンでこんもりとのせ、直径 5 cm くらいにのばす。
半分に切ったアーモンドをのせ、170℃のオーブンで約 15 分焼く。

Grazie
per la preferenza accordataci
rivederci ....
PER ALIMENTI
NON STAMPATA

黒酢のレアチーズ

チーズの濃厚な味わいと
大胆に加えた黒酢は相性ばっちり。
和の酸味に、お酒が恋しくなります。

材料（直径 5cm のココット約 5 個分）

○黒酢	40cc
○グラニュー糖	50g
○カッテージチーズ（裏ごしタイプ）	100g
○マスカルポーネ	100g
○生クリーム	50cc
○粉ゼラチン	5g

1 ゼラチンは大さじ 2 の水でふやかし、レンジに 20 秒ほど入れて溶かす。
2 ボールにカッテージチーズ、マスカルポーネ、グラニュー糖を入れて混ぜ合わせる。なめらかになったら黒酢、生クリーム、1 を加えて混ぜ合わせる。
3 容器に 2 を入れ、冷蔵庫で冷やし固める。

揚げさつまいもの
山椒砂糖まぶし

さつまいものやさしい甘さに
山椒のアクセントがぴりり。
これはもう、日本酒でしょ。

材料（3〜4人分）

○さつまいも	200g
○グラニュー糖	大さじ2
○粉山椒	小さじ1
○サラダ油	適量

1 グラニュー糖と山椒は混ぜ合わせて
バットなどに入れる。

2 さつまいもは皮のまま5mm厚さの輪切りにする。
約10分水にさらし、水気を切る。

3 サラダ油を熱し、2を揚げる。
熱いうちに1をまぶす。

お餅の
スイートバルサミコかけ

とろ〜りお餅に
濃醇なソースがよくからむ。
フルーティーな酸味がくせになります。

材料（4人分）

○餅	4個
○バルサミコ酢	40cc
○グラニュー糖	大さじ2

1 餅は半分に切り、柔らかくなるまでゆでる。

2 鍋にバルサミコ酢、グラニュー糖を入れて弱火にかけ、とろみがつくまで煮詰める。

3 1を皿に盛り、2を線状にかける。

お菓子と日本酒 Bonjour!

このお菓子にはこのお酒。
中島有香さんアドバイス、
酒屋さんセレクトの
お菓子にぴったりな新潟の日本酒を
ご紹介します。

赤味噌クッキー（p6）

ちょっと辛口の普通酒や本醸造酒。
ぬるめの燗もよく合います。

菊水の辛口《きくすいのからくち》

きりりとした辛さのなかに
しっかりと旨みを感じる、
呑みごたえのある本醸造酒。

菊水酒造（p89）／新発田市

原料米／五百万石　精米歩合 70%
180 ml缶 252 円、300 ml 373 円、
720 ml 884 円、1.8 ℓ 1961 円

日本酒度 +7

麒麟山《きりんざん》 超辛口《ちょうからくち》 麟辛《りんから》

辛口の酒で知られる蔵元が
醸す、軽快さを追求しつつ、
しっかりと味のある普通酒。

麒麟山酒造（p91）／阿賀町

原料米／たかね錦など 精米歩合 60%
720 ml 819 円、1.8 ℓ 1838 円

日本酒度 +12

越乃初梅《こしのはつうめ》 辛口本醸造《からくちほんじょうぞう》

日本酒度＋８の辛口で、愛
称は「ハチカラ」。キレとコ
クがあり、辛党に人気。

高の井酒造（p94）／小千谷市

原料米／五百万石など　精米歩合 65%
720 ml 945 円、1.8 ℓ 1890 円

日本酒度 +8

黒酢のレアチーズ（p 8）

パンチのきいた酸味には
少し深みのある純米吟醸酒を。

純米吟醸酒《じゅんまいぎんじょうしゅ》 銀ラベル《ぎんらべる》 鮎《あゆ》

甘みと酸味がほどよく溶け
合い、控えめな吟醸香と深
みのある味わいを楽しめる。

鮎正宗酒造（p97）／妙高市

原料米／五百万石　精米歩合 58%
720 ml 1522 円、1.8 ℓ 3003 円

日本酒度 −0.5

麒麟こしひかり《きりんこしひかり》 純米大吟醸《じゅんまいだいぎんじょう》

地元産コシヒカリをそのま
まお酒に。ラベルに新潟産
地呼称酒のマーク入り。

下越酒造（p91）／阿賀町

原料米／コシヒカリ　精米歩合 45%
720 ml 2040 円

日本酒度 +4

純米吟醸《じゅんまいぎんじょう》 越乃雪椿《こしのゆきつばき》

手造りにこだわって醸した、
口の中に広がる華やかな香
りと旨みがあるお酒。

雪椿酒造（p92）／加茂市

原料米／山田錦など　精米歩合 60%
720 ml 1139 円、1.8 ℓ 2323 円

日本酒度 +3

揚げさつまいもの山椒砂糖まぶし（p10）

山椒砂糖のぴり甘には

素直なタイプの純米酒や純米吟醸酒がはまります。

コピリンコ・こぴりんこ《こぴりんこ》

日本酒ファン開拓のため、新たな手法で展開する商品。同内容で２つの名前がある。

久須美酒造（p93）／長岡市

原料米非公開　精米歩合 55%
300 mℓ 700 円

真陵 至 純米吟醸《しんりょう いたる じゅんまいぎんじょう》

佐渡で一番小さい蔵が完全手造りで醸す、軽快さと旨みのバランスがとれたお酒。

逸見酒造（p88）／佐渡市

原料米／山田錦　精米歩合 55%
720 mℓ 1400 円、1.8 ℓ 2600 円

日本酒度 ±0

越乃あじわい純米酒《こしのあじわい　じゅんまいしゅ》

蔵独自の「塚野酵母」を使い、旨さとさわやかさが一体となった純米酒。

越つかの酒造（p89）／阿賀野市

原料米／五百万石など 精米歩合 65%
300 mℓ 458 円、720 mℓ 1121 円
1.8 ℓ 2415 円

日本酒度 +6

お餅のスイートバルサミコかけ（p12）

フルーティーでコクのある味わいには

ほどよい酸味の個性派タイプのお酒がおすすめ。

村祐 特別純米酒 無濾過生《むらゆう　とくべつじゅんまいしゅ　むろかなま》

独自路線をゆく蔵元が醸す、さわやかな酸味と香り、涼しい甘さが同居するお酒。

村祐酒造（p90）／新潟市

原料米・精米歩合　非公開
720 mℓ 1260 円、1.8 ℓ 2520 円

特別純米 彩衣《とくべつじゅんまい あやごろも》

アルコール度数を抑えた甘口の、米の旨みを感じるお酒。初心者におすすめ。

妙高酒造（p95）／上越市

原料米／五百万石　精米歩合 60%
500 mℓ 980 円

日本酒度 -14

手摘みアロニアのにごり酒《てづみあろにあのにごりざけ》

五泉産アロニア果汁とにごり酒が一体となった乳酸菌飲料を思わせるリキュール。

金鵄盃酒造（p91）／五泉市

500 mℓ 900 円

日本酒度とは？　甘口、辛口の目安になる数字で、マイナスほど甘くプラスになるほど辛い。実際に感じる甘辛は、このほかに酸なども関係するので、あくまでも“目安”です。

チーズ焼きりんご

口いっぱいに広がるジューシーで
ちょっぴり濃厚な酸味。
ふたりで仲良くグラスを傾けて。

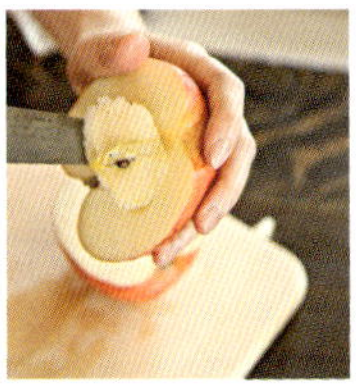

材料（2人分）

○りんご	1個
○カッテージチーズ	50g
○バター	20g
○グラニュー糖	40g

1 バターは室温に戻して練り、グラニュー糖、カッテージチーズと混ぜ合わせておく。

2 りんごは縦半分に切り、芯をくり抜き、穴に 1 をのせる。

3 アルミホイルで 2 を包み、200℃のオーブンで約 30 分焼く。

オリーブスティック

チーズ風味の生地に
オリーブの塩加減がぴったり。
お酒に浸していただくのも、あり。

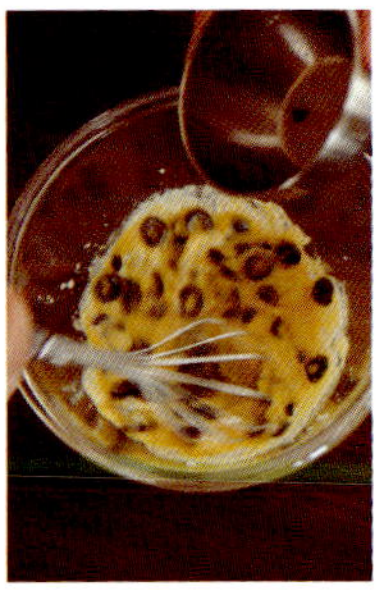

材料（約12本分）

○小麦粉	150g
○ベーキングパウダー	小さじ1
○粉チーズ	大さじ1
○卵黄	1個分
○牛乳	40cc
○オリーブ油	40cc
○黒オリーブ（スライスする）	60g

1 小麦粉とベーキングパウダーは合わせてふるう。

2 ボールに卵黄、牛乳、オリーブ油を入れて混ぜ合わせる。
オリーブ、粉チーズを加えて混ぜ、1を2〜3回に分けて加え、
そのつどさっくりと混ぜ合わせる。

3 ラップを広げて2をのせ、ラップをかぶせて手で平らにし、
冷蔵庫で30分ほど寝かせる。

4 めん棒で5mm厚さにのばし、1cm幅のスティックに切る。

5 天板にオーブンシートを敷き、4を並べ、180℃で約15分焼く。

ほうじ茶のミルクゼリー

甘さのなかに広がる、
日本茶特有の清涼感。
お酒とともに余韻も味わって。

材料（プリン型３個分）

○ほうじ茶の葉　20ｇ
○牛乳　250cc
○グラニュー糖　40ｇ
○粉ゼラチン　５ｇ
○くこの実　適宜

1　粉ゼラチンは大さじ２の水でふやかしておく。
2　鍋に牛乳、ほうじ茶の葉を入れ、弱火でじっくりと煮出して漉す。
3　２に１、グラニュー糖を入れて溶かし、容器に入れて冷蔵庫で冷やし固める。
4　型から皿に出し、くこの実を飾る。

焼きカマンベール

丸ごと焼いたとろ〜りカマンベールに
じゅわっとしみこむはちみつの甘さ。
想像を超えたマッチングに感激。

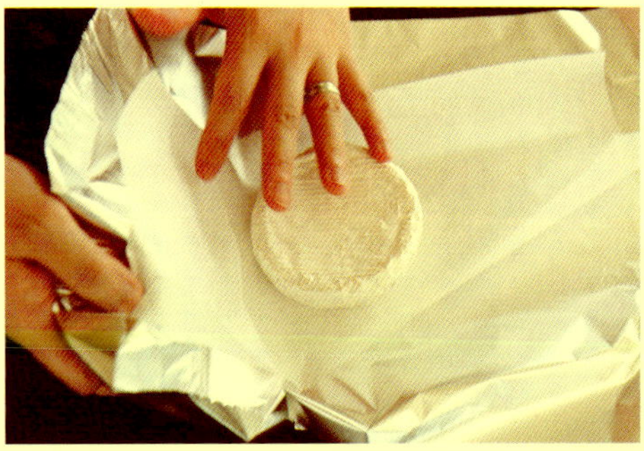

材料（1個分）

○カマンベール	1個
○はちみつ	適量

1 カマンベールはアルミホイルに包み、
200℃のオーブンで20分焼く。

2 カマンベールに切り目を入れ、はちみつをかける。

お菓子と日本酒 Rendez-Vous

このお菓子にはこのお酒。
中島有香さんアドバイス、
酒屋さんセレクトの
お菓子にぴったりな新潟の日本酒を
ご紹介します。

チーズ焼きりんご（p16）

フルーティーな酸味を
少し冷やした吟醸酒ですっきりと味わって。

長者盛《ちょうじゃざかり》 雪花文《せっかもん》 吟醸《ぎんじょう》

吟醸酒らしい華やかな香りと、バランスのとれたさわやかな味わいが特長。

新潟銘醸（p94）／小千谷市

原料米／五百万石　精米歩合 55%
300 mℓ 493 円、720 mℓ 1296 円、1.8 ℓ 2586 円

日本酒度 +5

大吟醸《だいぎんじょう》 越後桜《えちござくら》

低温発酵によりじっくりと醸し出した華やかな香りと、キレのよいのど越しがある。

越後桜酒造（p89）／阿賀野市

原料米／山田錦　精米歩合 50%
720 mℓ 1034 円、1.8 ℓ 2355 円

日本酒度 +2

柳都《りゅうと》 吟醸酒《ぎんじょうしゅ》

新潟市の政令指定都市指定を記念して誕生した。新潟県内限定販売の吟醸酒。

高野酒造（p90）／新潟市

原料米／五百万石　精米歩合 60%
300 mℓ 410 円、720m ℓ 1200 円、1.8 ℓ 2301 円

日本酒度 +4

オリーブスティック（p18）

普通酒から吟醸酒まで。種類は問わず
キレとコクをあわせもつお酒と合わせてみたい。

千代の光《ちよのひかり》 吟醸造り《ぎんじょうづくり》

大吟醸に匹敵するほど酒米を磨き、しなやかでまろやかな味わいを追求。

千代の光酒造（p97）／妙高市

原料米／五百万石　精米歩合 45%
720 mℓ 1628 円、1.8 ℓ 3255 円

日本酒度 +5

大吟醸《だいぎんじょう》 白龍《はくりゅう》

97 年にモンドセレクション最高金賞を受賞。ベテラン杜氏が熟練の技で醸す。

白龍酒造（p89）／阿賀野市

原料米／越淡麗　精米歩合 40%
180 mℓ 630 円、300 mℓ 998 円、720 mℓ 2573 円、1.8 mℓ 5250 円

日本酒度 +5

越乃景虎《こしのかげとら》 龍《りゅう》

辛口の中にかすかな甘みを感じ、呑みほすほどにまた口に運びたくなるレギュラー酒。

諸橋酒造（p93）／長岡市

原料米／五百万石など　精米歩合 65%
720 mℓ 755 円、1.8 ℓ 1800 円

日本酒度 +5

ほうじ茶のミルクゼリー（p20）

日本人の幸せを感じるあと味は
常温の純米酒や純米吟醸酒とともに堪能したい。

願人《ねがいびと》 純米吟醸酒《じゅんまいぎんじょうげんしゅ》

地元の新川開削の歴史に由来して開発。自然の乳酸菌などを利用した山廃仕込み。

塩川酒造（p90）／新潟市
原料米／越淡麗　精米歩合 60%
720 mℓ 1400 円、1.8 ℓ 2800 円
日本酒度 +3

純米酒《じゅんまいしゅ》 月不見の池《つきみずのいけ》

杜氏自らが栽培した米を使った、程よい米の味とコクがのどを通り抜ける純米酒。

猪又酒造（p97）／糸魚川市
原料米／たかね錦　精米歩合 60%
720 mℓ 1207 円、1.8 ℓ 2415 円
日本酒度 +2

純米《じゅんまい》 緑川《みどりかわ》

淡麗な口当たりのなかに、深い味わいと上品な香りが楽しめる。ぬる燗でも。

緑川酒造（p94）／魚沼市
原料米／五百万石ほか 精米歩合 60%
720 mℓ 1260 円、1.8 ℓ 2625 円
日本酒度 +4

焼きカマンベール（p22）

冷えた吟醸酒。またはどっしりと
コクのある純米酒も試してみたい。

越乃柏露《こしのはくろ》 朱鷺の舞《ときのまい》 吟醸酒《ぎんじょうしゅ》

上品な香りと滑らかな口当たりを楽しめる。売上金の一部をトキ保護活動へ寄付。

柏露酒造（p92）／長岡市
原料米／五百万石　精米歩合 55%
720 mℓ 1670 円
日本酒度 +3

吟醸《ぎんじょう》 初花《はつはな》

地元産五百万石を使った、控えめな香りとすっきりとした味が調和した吟醸酒。

金升酒造（p89）／新発田市
原料米／五百万石　精米歩合 55%
720 mℓ 1470 円、1.8 ℓ 2993 円
日本酒度 +5

舞鶴《まいつる》 鼓《つづみ》 純米《じゅんまい》

米の味が生きたコクのある甘みと、あと味のキレを楽しめる。燗もおすすめ。

恩田酒造（p92）／長岡市
原料米／一本〆　精米歩合 48%
300 mℓ 500 円、720m ℓ 1300 円、1.8 ℓ 2400 円
日本酒度 -2

日本酒度とは？　甘口、辛口の目安になる数字で、マイナスほど甘くプラスになるほど辛い。実際に感じる甘辛は、このほかに酸なども関係するので、あくまでも“目安”です。

コーヒーあずきかん

コーヒーのほろ苦さで
あずきの甘さが上品な味わいに。
のど越しのよさも楽しんで。

材料（15cm 角の流し缶 1 個分）

○つぶあん（市販・こしあんでも可）	200 g
○粉寒天	2 g
○インスタントコーヒー	大さじ 2

1 400cc の熱湯にインスタントコーヒーを入れて溶かす。
粉寒天、つぶあんも入れて混ぜ合わせる。

2 流し缶かバットに 1 を入れ、
粗熱が取れたら冷蔵庫で 1 時間以上冷やす。

3 切り分けて器に盛る。

一緒に呑むならこのお酒

本醸造 鶴齢生

ほんじょうぞう　かくれいなま

新潟県産の酒米、越淡麗を使った本醸造酒。製造段階で一度も火入れ殺菌をしない生酒。瓶詰め後－5℃の冷蔵庫で貯蔵し、ゆっくりと熟成させる。ほろ苦いあずきかんの味わいが、フレッシュな生酒の味わいを際立たせる。

青木酒造株式会社（p 95）／南魚沼市
原料米／越淡麗　精米歩合 60%　日本酒度＋1
300 mℓ 494 円、720 mℓ 1155 円

にいがた蔵ものがたり

創業1717（享保2）年。江戸時代に『北越雪譜』を著した鈴木牧之のふるさと、旧塩沢町で寒造りと手造りにこだわり、淡麗ななかに芳醇さを感じる酒を醸し続ける。代表銘柄「鶴齢」は鈴木牧之の命名といわれる。

いちじくの日本酒コンポート

日本酒で煮込んだいちじくは
すっきりとした甘みが自慢。
アイスクリームでコクをプラスして。

材料（4人分）

○いちじく　4個
○日本酒　150cc
○三温糖　20g
○バニラアイス　1カップ

1 いちじくは皮をむき、縦半分に切る。
2 鍋に日本酒、三温糖、1を入れて弱火にかけ、5分ほど煮る。そのまま冷まし、冷蔵庫で冷たくする。
3 器に盛り付け、アイスクリームをのせる。

一緒に呑むならこのお酒

大吟醸《だいぎんじょう》 美禄《びろく》 長者盛《ちょうじゃざかり》

高級酒米で知られる山田錦と、小千谷の地に脈々と湧き出る軟水を使い、越後杜氏の技で醸し出された大吟醸酒。華やかな香りと軽やかな味わいが、すっきり味のコンポートとアイスクリームによく合う。

新潟銘醸（p94）／小千谷市
原料米／山田錦　精米歩合35%　日本酒度+3
180㎖ 1155円、720㎖ 3570円、1.8ℓ 8190円

にいがた蔵ものがたり

昭和13年の創業。地元小千谷市で「長者盛」の銘柄で親しまれる。米、水、人、環境にこだわり、きめ細かくまろやかな酒を醸す。伝統を守りつつ最新技術を使いこなすことで、高品質な酒を追い求める。

かぼちゃとパイのパフェ

メープルシロップが
かぼちゃの素朴な甘さにひと味プラス。
サクサク感をダブルで楽しんで。

材料（3～4人分）
○かぼちゃ　200g
○冷凍パイシート　1枚
○メープルシロップ　大さじ3

1 かぼちゃは種を取り、皮つきのままひと口大に切り、アルミホイルで包む。
2 天板にオーブンシートを敷き、冷凍パイシートをおく。
3 余ったスペースに1をのせ、200℃のオーブンで約15分焼く。
4 かぼちゃは熱いうちに粗くつぶし、
メープルシロップ、パイの半分量を手で割って混ぜ合わせる。
5 器に盛り付け、残りのパイを割って添える。

一緒に呑むならこのお酒

吟醸《ぎんじょう》 八海山《はっかいさん》

上品な味わいの吟醸酒を手軽に味わえる、キュートなひょうたん瓶が魅力。かぼちゃとパイのもったりとした甘さには、やわらかな口当たりでキレ味のいい吟醸酒がぴったり。

八海醸造（p94）
原料米／山田錦、五百万石他　精米歩合 50%
180 mℓ（ひょうたんびん）500円、300 mℓ 806円
720 mℓ 1724円、1.8 ℓ 3469円

にいがた蔵ものがたり

1922（大正11）年創業。越後三山八海山の麓で、極軟水“雷電様の清水”を仕込み水に酒を醸す。平成16年に完成した第二浩和蔵では最新設備を活かしながら、伝統的なこだわりの大吟醸酒造りで本醸造酒、普通酒のさらなる高品質化に取り組む。

黒糖ナッツのラスク風

黒糖の和の甘さが
ナッツとパンをやさしくコーティング。
食感も楽しい。

材料（2～3人分）

○フランスパン　4枚
（1cm厚さにスライス）

○黒糖　20g

○アーモンド、くるみ　40g

1. パンは薄くスライスしたものを半分に切り、トースターでカリッと焼く。
2. アーモンド、くるみは粗く刻む。
3. フライパンに黒糖、水大さじ1、2を入れて弱火にかける。砂糖が溶けたら1を入れて全体にからめる。落ちたナッツもパンにのせ、皿に並べて冷ます。

一緒に呑むならこのお酒

真野鶴　純米吟醸

まのつる　じゅんまいぎんじょう

メロンや洋梨などの果実を髣髴とさせる香り、ジューシーな甘さと、キレのよさを兼ね備える純米吟醸酒。黒砂糖味のお菓子と、きれいなあと味のお酒は互いの個性を生かしつつ、ほっとできる懐かしい味わいを引き出す。

尾畑酒造（P88）／佐渡市
原料米／五百万石　精米歩合55%　日本酒度+3～+4
720㎖ 1418円、1.8ℓ　2835円

にいがた蔵ものがたり

“米、水、人、そして佐渡”。四つの宝の和をもって醸す「四宝和醸」をモットーに、冬季無休で蔵人が泊まり込み手造りの酒を醸す。透明感があり、呑むほどに旨みが増すバランスのよい酒を目指す。

真野鶴

濃厚チョコゼリー

ダブルクリームの
パンチのきいたチョコ味と、
なめらかな舌ざわりがお酒を呼びます。

材料（4～5人分）

○チョコレート	60g
○サワークリーム	100g
○生クリーム	100cc
○グラニュー糖	20g
○粉ゼラチン	5g

1 粉ゼラチンは大さじ2の水を混ぜてふやかしておく。
2 鍋にチョコを割って入れ、弱火で溶かす。
生クリームを加えてのばし、サワークリーム、
グラニュー糖を入れてなめらかになるまで
混ぜ合わせ、火を止める。1を加えて余熱で溶かす。
3 器に入れ、冷蔵庫で冷やし固める。

一緒に呑むならこのお酒

菅名岳《すがなだけ》　大吟醸《だいぎんじょう》

五泉市の菅名岳中腹のどっぱら清水を、「寒九の水汲み」で汲んで仕込んだ大吟醸酒。米も蔵元自らが栽培。上品でフルーティーな香り、丸みのある口当たりが、濃厚なチョコ味とベストマッチ。

近藤酒造（p91）／五泉市
原料米／越淡麗　精米歩合40%　日本酒度+3
720㎖ 3570円

にいがた蔵ものがたり

創業1865（慶応元）年。「越乃鹿六」の銘柄で親しまれる。良水を求めて平成4年から始めた「寒九の水汲み」で汲む超軟水で仕込む「菅名岳」は、ていねいな造りときれいな味わいから県内外に根強いファンが多い。

菅名岳

越後姫のメレンゲ焼き

新潟のべっぴんいちご「越後姫」を
日本酒でさっと煮て。
メレンゲの香ばしさとともにいただきます。

材料（ココット４個分）

○越後姫	100g
○日本酒	50cc
○グラニュー糖	大さじ３
○卵白	２個分

1 越後姫はヘタを取り、鍋に入れる。日本酒、グラニュー糖大さじ２を入れて２～３分煮る。
2 卵白は固いメレンゲにし、グラニュー糖大さじ１を混ぜる。
3 ココットに１を入れ、２をのせ、160℃のオーブンで10分焼く。

チーズ抹茶ボール

日本酒レーズンとお抹茶で
個性派チーズボールの完成。
お酒と交互に、チーズのタワーを制覇。

材料（4人分）

○クリームチーズ	200g
○レーズン	大さじ2
○グラニュー糖	20g
○抹茶	小さじ1
○日本酒	大さじ3
○クラッカー	適量

1 レーズンは日本酒と混ぜてふやかしておく。
2 クリームチーズは室温に戻し、１と練り合わせる。
3 バットに抹茶、グラニュー糖を入れて混ぜ合わせる。
4 ２をまるめて３に入れてころがし、全体にまぶしつける。
クラッカーと交互に盛り合わせる。

甘酒のアイスクリーム

ほのかに糀が香る
大人味のアイスクリーム。
仕上げの黒胡椒がポイント。

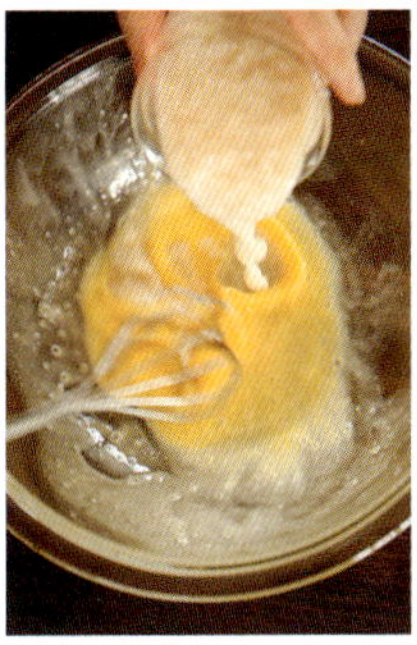

材料（4〜5人分）

○甘酒（市販）	1カップ
○生クリーム	100cc
○たまご	1個
○グラニュー糖	40g
○黒胡椒	適量

1 生クリームは七分立てにする。
2 たまご、グラニュー糖をよく混ぜ、甘酒を入れて混ぜ合わせる。
3 1に2を少しずつ入れて混ぜ、容器に入れて冷凍庫で4時間以上冷やし固める。
4 器に盛り分け、黒胡椒をふる。

黒豆のビスコッティ風

煮豆を使ってささっとできる堅焼きビスケット。
お酒に浸していただけば、二度おいしい。

材料（約 20 ㎝のビスコッティ 1 個分）

○小麦粉	250g
○ベーキングパウダー	小さじ 1
○甘煮の黒豆（市販）	150g
○たまご	2 個
○グラニュー糖	80g

1 小麦粉とベーキングパウダーは合わせてふるう。

2 ボールにたまご、グラニュー糖を入れて混ぜ合わせる。
黒豆を加えて混ぜ、1 を 2 〜 3 回に分けて加え、
そのつどさっくりと混ぜ合わせる。

3 天板にオーブンシートを敷き 2 をのせ、なまこ形にまとめる。

4 160℃のオーブンで約 30 分焼く。好みの厚さに切る。

お菓子と日本酒 Bon Appetit!

このお菓子にはこのお酒。
中島有香さんアドバイス、
酒屋さんセレクトの
お菓子にぴったりな新潟の日本酒を
ご紹介します。

越後姫のメレンゲ焼き（p36）

しっかり冷やした大吟醸酒が
酸味と甘みの仲介役に。

朝日山《あさひやま》 萬寿杯《まんじゅはい》 大吟醸《だいぎんじょう》

ソフトな香りとやわらかなふくらみを感じる「ハレの日の乾杯酒」。

朝日酒造（p93）／長岡市
原料米／新潟県産米　精米歩合 50%
720 mℓ 2152 円、1.8 ℓ 4725 円
日本酒度 +5

長陵《ちょうりょう》 壺中天地《こちゅうてんち》 大吟醸《だいぎんじょう》

ベテラン杜氏の技を受け継ぐ若き蔵人たちが、独往の精神で醸した大吟醸酒。

高橋酒造（p92）／長岡市
原料米／山田錦　精米歩合 40%
720 mℓ 3885 円、1.8 ℓ 7770 円
日本酒度 +3

越の誉《こしのほまれ》 大吟醸《だいぎんじょう》

2 月に醸造した大吟醸酒を－12℃で 3 年間熟成。豊かな香りとまろやかな味わい。

原酒造（p94）／柏崎市
原料米／山田錦　精米歩合 40%
720 mℓ 4200 円、1.8 ℓ 1 万 500 円
日本酒度 +2

チーズ抹茶ボール（p38）

冷やしても常温でも。
吟醸系のお酒が複雑な味わいにはまります。

吉乃川《よしのがわ》 越後吟醸《えちごぎんじょう》

軽やかな味わいと、ほのかな吟醸香のバランスが織りなすテーブルを彩る吟醸酒。

吉乃川（p92）／長岡市
原料米／五百万石など 精米歩合 60%
720 mℓ 861 円
日本酒度 +4

松乃井《まつのい》　吟醸《ぎんじょう》

良質な湧水を使い長期低温発酵。フルーティーな香りとキレのよさが堪能できる。

松乃井酒造場（p94）／十日町市
原料米／山田錦　精米歩合 50%
720 mℓ 1260 円、1.8 ℓ 2520 円
日本酒度 +4

〆張鶴《しめはりつる》　吟撰《ぎんせん》

すいすいと呑め、のどもとを過ぎると花火のようにスッと消えるきれいな吟醸酒。

宮尾酒造（p89）／村上市
原料米／山田錦など　精米歩合 50%
720 mℓ 1774 円、1.8 ℓ 3549 円
日本酒度 +4

甘酒のアイスクリーム（p 40）

本醸造酒をちょっと熱めの燗で。

アイスクリームに熱燗の決め手は黒胡椒。

雪中梅 本醸造
せっちゅうばい ほんじょうぞう

酒米の質にこだわり、昔ながらの手造り麹で、ふくらみのある味わいを出している。

丸山酒造場（p96）／上越市

原料米／五百万石など 精米歩合 63%
720 mℓ 1260 円、1.8 ℓ 2415 円

日本酒度 −3.5

峰乃白梅 特別本醸造 抜群
みねのはくばい とくべつほんじょうぞう ばつぐん

地元産酒米を厳選し、吟醸造りでていねいに醸した、コクとキレのあるお酒。

福井酒造（p90）／新潟市

原料米／五百万石など 精米歩合 58%
500 mℓ 641 円、720 mℓ 1045 円
1.8 ℓ 2163 円

日本酒度 +5

谷乃井 男の酒
たにのい おとこのさけ

日々の晩酌に最適な辛口の本醸造酒。温度による味の違いも楽しみたい。

谷乃井酒造（p95）／上越市

原料米／五百万石　精米歩合 60%
1.8 ℓ 2037 円

日本酒度 +11

黒豆のビスコッティ風（p 42）

しっかりと味のある純米酒や

本醸造酒に浸して食べてみて。

鶴齢 純米酒
かくれい じゅんまいしゅ

米の旨みがおだやかに舌に広がる、日ごろ晩酌として楽しめる純米酒。

青木酒造（p95）／南魚沼市

原料米／越淡麗など　精米歩合 70%
720 mℓ 1155 円、1.8 ℓ 2310 円

日本酒度 +4

鶴の友 別撰
つるのとも べつせん

地元で愛されることを第一に、原材料にこだわって醸される上品な甘みの本醸造。

樋木酒造（p90）／新潟市

原料米・精米歩合　非公開
720 mℓ 1019 円、1.8 ℓ 2180 円

天領盃　新撰
てんりょうはい　しんせん

すいすいとのどを通り、呑みあきしない本醸造酒。どんな温度でも楽しめる。

天領盃酒造（p88）／佐渡市

原料米／五百万石　精米歩合 65%
720 mℓ 1000 円、1.8 ℓ 1835 円

日本酒度 +3

日本酒度とは？ 甘口、辛口の目安になる数字で、マイナスほど甘くプラスになるほど辛い。実際に感じる甘辛は、このほかに酸なども関係するので、あくまでも"目安"です。

ブルーチーズケーキ

ブルーチーズのしょっぱさと
グラニュー糖の甘さがほどよく調和した
“おつまみスイーツ”の代表作。

材料（4〜5人分）

○ブルーチーズ	50g
○ナチュラルチーズ	20g
○バター	60g
○たまご	2個
○グラニュー糖	60g
○小麦粉	100g

1 ボールにたまご、グラニュー糖を入れて白っぽくなるまで混ぜる。

2 1に溶かしたバターを加える。さらにちぎったブルーチーズを加えて混ぜ、小麦粉を入れてさっくり混ぜる。

3 型に生地を入れ、180℃で30分焼く。

4 途中でナチュラルチーズを差し込む。

豆乳のマンゴームース

豆乳とマンゴーの
とろりんとした舌ざわり。
冷たいお酒が恋しくなります。

材料（直径５cm のココット約５個分）

○豆乳	100cc
○マンゴー	１個
○生クリーム	80cc
○グラニュー糖	40g
○粉ゼラチン	5g

1 ゼラチンは大さじ２の水でふやかし、レンジに 20 秒ほど入れて溶かす。

2 マンゴーは皮をむき、果肉を適当な大きさにそいでボールに入れる。
ラップをかぶせ上から指で粗くつぶす。
グラニュー糖、豆乳、１を加えて混ぜ合わせる。

3 別のボールに生クリームを入れ、七分立てに泡立てる。
２と混ぜ合わせ、容器に入れ、冷蔵庫で冷やし固める。

ドライトマトのマドレーヌ

ちっちゃくても主張たっぷりな
ドライトマトで
焼き菓子がおつまみに変身。

材料（12 個分）

○ドライトマト	40g
○小麦粉	80g
○ベーキングパウダー	小さじ 1/2
○たまご	2 個
○グラニュー糖	60g
○溶かしバター	80g

1 小麦粉とベーキングパウダーは合わせてふるう。

2 ボールにたまご、グラニュー糖を入れてもったりとするまで混ぜ合わせる。刻んだドライトマト、溶かしバターを加えて混ぜる。

3 1 を 2～3 回に分けて 2 に加え、そのたびさっくりと混ぜ合わせる。

4 マドレーヌ型に溶かしバター (分量外) を塗り、小麦粉 (分量外) をふり、冷蔵庫で 15 分以上冷やす。3 を流し入れ、180℃のオーブンで約 18 分焼く。

Saveur
d'Autrefois

ヨーグルト
ホワイトチョコクリーム

酸味のきいたチョコクリームは
おちょぼ口でペロリ。
ヨーグルトの水気をしっかり切るのがポイント。

材料（約1カップ分）

○プレーンヨーグルト	1カップ
○ホワイトチョコレート	40g
○生クリーム	大さじ1

1 ヨーグルトはコーヒーフィルターなどのペーパーに入れ、1時間ほど水切りをする。

2 鍋に割ったホワイトチョコレートを入れて弱火にかける。
溶けたら生クリームを加えてのばし、
粗熱をとり、1と混ぜ合わせて器に盛る。

お菓子と日本酒 Ensemble

このお菓子にはこのお酒。
中島有香さんアドバイス、
酒屋さんセレクトの
お菓子にぴったりな新潟の日本酒を
ご紹介します。

ブルーチーズケーキ（p 46）

粉の風味を生かしたチーズケーキには
普通酒や本醸造酒を冷やして。

萬寿鏡 特別本醸造《ますかがみ とくべつほんじょうぞう》

米を磨き吟醸酒なみの質を保ちつつ、ふだん呑まれる酒として手頃な価格を実現。

マスカガミ（p91）／加茂市

原料米／五百万石など 精米歩合 56%
300 ㎖ 420 円、720 ㎖ 998 円、1.8 ℓ 2100 円

日本酒度 +3

吟田川 特別本醸造《ちびたがわ とくべつほんじょうぞう》

上越市の旧柿崎町の蔵元で、天然水吟田川で醸される、軽快な呑み心地のお酒。

代々菊醸造（p96）／上越市

原料米／五百万石　精米歩合 58%
720 ㎖ 1150 円、1.8 ℓ 2100 円

日本酒度 +3

スキー正宗 無糖加 普通酒《すきーまさむね むとうか ふつうしゅ》

スキー発祥地の蔵元で 80 年以上前に誕生した銘柄の普通酒。淡麗で程よく滑らか。

武蔵野酒造（p95）／上越市

原料米／五百万石など　精米歩合 65%
1.8 ℓ 1733 円

日本酒度 +2

豆乳のマンゴームース（p 48）

スイートなとろとろ感に
冷たい純米吟醸酒で清涼感をプラス。

上善如水 純米大吟醸《じょうぜんみずのごとし じゅんまいだいぎんじょう》

華やかで風格ある香りとまろやかでふくらみのある、上品な味わいが楽しめる。

白瀧酒造（p95）／湯沢町

原料米／山田錦　精米歩合 45%
180 ㎖ 500 円、720 ㎖ 2625 円、1.8 ℓ 5250 円

日本酒度 +2

北雪 純米大吟醸 越淡麗《ほくせつ じゅんまいだいぎんじょう こしたんれい》

佐渡産越淡麗を 100%使った、ふくらみのある味とキレのあるあと味のお酒。

北雪酒造（p88）／佐渡市

原料米／越淡麗　精米歩合 40%
720 ㎖　2500 円、1.8 ℓ　5000 円

日本酒度 +3

今代司 浄階 純米大吟醸《いまよつかさ じょうかい じゅんまいだいぎんじょう》

やわらかな口当たりで、のどを通るときに米の旨みをしっかりと感じる大吟醸酒。

今代司酒造（p90）／新潟市

原料米／越淡麗　精米歩合 35%
720 ㎖ 5000 円

日本酒度 +2

ドライトマトのマドレーヌ（p 50）

塩気のアクセントがきいた粉菓子には
旨みを感じる純米や純米吟醸酒を合わせて。

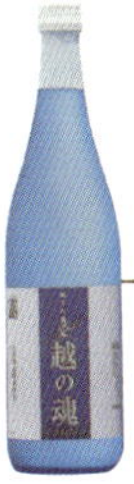

純米吟醸 越の魂《じゅんまいぎんじょう こしのたましい》

長期低温発酵により、程よい米の旨みをもった奥行きのある味わいが特徴。

大洋酒造（p88）／村上市

原料米／五百万石　精米歩合 55%
720 mℓ 1500 円、1.8 ℓ 3000 円

日本酒度 +3

純米大吟醸 かたふね《じゅんまいだいぎんじょう かたふね》

大吟醸の華やかな香り、味わいのなかに純米酒の芳醇さを感じる奥深いお酒。

竹田酒造場（p96）／上越市

原料米／越淡麗　精米歩合 50%
720 mℓ 2500 円、1.8 ℓ 5000 円

日本酒度 - 4

笹祝 淡麗純米酒《ささいわい たんれいじゅんまいしゅ》

最高峰の酒米山田錦を磨き、品の良い旨みとすっきりとした呑み口を備えたお酒。

笹祝酒造（p91）／新潟市

原料米／山田錦　精米歩合 60%
720 mℓ 1260 円、1.8 ℓ 2520 円

日本酒度 +4

ヨーグルトホワイトチョコクリーム（p 52）

スプーンでちょこっとなめて
冷やした吟醸や純米吟醸酒をちびりちびりと。

越乃寒梅 純米吟醸 金無垢《こしのかんばい じゅんまいぎんじょう きんむく》

最高の原材料を最高の技で醸した、繊細な香りと奥深さを感じるお酒。

石本酒造（p90）／新潟市

原料米／山田錦　精米歩合 40%
720 mℓ 3560 円

日本酒度 +3

王紋「夢」純米大吟醸《おうもん「ゆめ」じゅんまいだいぎんじょう》

大吟醸特有のフルーティーな香りと、まろやかな味わいの調和を楽しめる。

市島酒造（p89）／新発田市

原料米／山田錦　精米歩合 40%
720 mℓ 4200 円、1.8 ℓ 8400 円

日本酒度 +3

越乃白雁 純米大吟醸《こしのはくがん じゅんまいだいぎんじょう》

自社栽培の酒米を使った、華やかな香りと淡麗な味わいのお酒。少し冷やして。

中川酒造（p93）／長岡市

原料米／たかね錦　精米歩合 45%
720 mℓ 2551 円、1.8 ℓ 4593 円

日本酒度 +5

日本酒度とは？　甘口、辛口の目安になる数字で、マイナスほど甘くプラスになるほど辛い。実際に感じる甘辛は、このほかに酸なども関係するので、あくまでも“目安”です。

上善如水

ココナツライス

こっくりと食べ応えのある
お米のおやつ。
ココナツミルクのやさしい甘みとコクが
日本酒によく合います。

材料（4～5人分）

○米	1カップ
○ココナツミルク	2カップ
○グラニュー糖	40g
○バナナ	1本
○松の実	少々
○シナモン	少々

1 米は洗って水気をきる。
2 鍋に1、ココナツミルク、グラニュー糖を入れて弱火にかけ、ときとぎ混ぜながらほぼ水分がなくなるまで煮る。器に盛り分ける。
3 バナナはラップに包んで手でつぶし、松の実とともに2にトッピングし、シナモンをかける。

一緒に呑むならこのお酒

純米吟醸 上善如水

じゅんまいぎんじょう　じょうぜんみずのごとし

主張しすぎない香りと、名前の通り水のようにさらりと呑める味わい。さらに純米がもつ旨みが余韻として残る純米吟醸。ココナツライスのこっくり感が、すっきりとした辛口のお酒と中和し、新たな味わいを醸し出す。

白瀧酒造（p95）／南魚沼郡湯沢町
原料米／五百万石　精米歩合 60%　日本酒度＋5
180 ㎖ 300 円、300 ㎖ 612 円、720 ㎖ 1370 円、1.8 ℓ 2730 円

にいがた蔵ものがたり

創業1855（安政2）年。有数の豪雪地帯であり米どころである湯沢の地で、創業時からの水を大切にする心を受け継ぐ。伝統を守りつつ、新たな日本酒の味わいへの挑戦を続け、呑み手のニーズに応える酒を目指す。

あんこ春巻き

柿の種を隠し味にした、
見た目もかわいいパリパリの春巻き。
あんこのやさしい甘みがくせになります。

材料（4～5人分）

- ○春巻きの皮　4枚
- ○つぶあん　200g
- ○香ばしいあられ（柿の種など）　20g
- ○水で溶いた小麦粉　適量

1 柿の種は砕き、つぶあんと混ぜる。

2 春巻きの皮は半分に切り、1をのせて包み、包み終わりを小麦粉ののりでとめる。

3 天板にオーブンシートを敷き、2を並べ、200℃のオーブンで12分焼く。

一緒に呑むならこのお酒

朝日山《あさひやま》 純米酒《じゅんまいしゅ》

2010年に登場した、呑み応えとキレのよさを備えた純米酒。冷やから常温、ぬる燗まで温度によって違った味わいも楽しめる。あんこの春巻きにおすすめなのはぬる燗。隠し味の効いた独特の甘みが、キレのあるお酒にはまる。

朝日酒造（p93）／長岡市

原料米／新潟県産米　精米歩合65%　日本酒度+1
300㎖ 462円、720㎖ 980円、1.8ℓ 1995円

にいがた蔵ものがたり

創業1830（天保元）年。ホタルが舞い、もみじが美しい長岡市越路の里山と田んぼに囲まれた地にあり、創業以来「品質第一」で酒造りを続けている。地域に根ざした自然保護活動や文化活動を通じて、"酒蔵のある里づくり"を進めている。

雪影

酒粕揚げボール

酒粕が甘さをおさえる
おつまみドーナツ。
隠し味の黒ごまも効いてます。

材料（約 12 個分）

○ホットケーキミックス	200 g
○牛乳	100cc
○たまご	1 個
○酒粕	100 g
○黒ごま	大さじ 1
○サラダ油	大さじ 1
○粉砂糖	適宜
○サラダ油（揚げ用）	適量

1 ボールにたまご、サラダ油を入れて混ぜ、牛乳、黒ごまを加えてさらに混ぜ合わせる。

2 1に酒粕を加えてよく混ぜ合わせる。ホットケーキミックスを加えて混ぜ、熱した油にスプーンですくって落とし、こんがりと揚げる。仕上げに粉砂糖をかける。

一緒に呑むならこのお酒

特別純米《とくべつじゅんまい》 雪影《ゆきかげ》

米の旨みを十分に引き出しながら、青リンゴを思わせるさわやかな酸味を感じる特別純米酒。軽やかですいすい呑める口当たりのよさがあり、酒粕独特のほろ苦さをもつドーナツとの相性はぴったり。

金鵄盃酒造（p91）／五泉市
原料米／五百万石など　精米歩合 58%　日本酒度＋ 4
300 mℓ 473 円、720 mℓ 945 円

にいがた蔵ものがたり

創業1824（文政7）年。三方を山に囲まれた名水の里五泉で、霊峰・白山の伏流水「天狗の清水」を使い、伝統の技を受け継いできれいなお酒を造り続ける。酒米も蔵人が栽培。原料を吟味し常に高品質を目指す。

白玉のみたらし風

つるりんとのどを通る白玉団子。
はちみつとしょうゆのカンタンダレで
即席みたらしのできあがり。

材料（4～5人分）

○白玉粉　100g
○ぬるま湯　約100cc
○はちみつ　大さじ3
○しょうゆ　大さじ1

1 白玉粉はぬるま湯を少しずつ加え、耳たぶくらいのかたさになるまで練る。
2 直径2cmくらいにまるめ、真ん中をくぼませ、ゆでる。
3 水面に浮かんできたらさらに2～3分ゆで、水にとって冷やす。はちみつ、しょうゆを混ぜ、1を和える。

一緒に呑むならこのお酒

熟成ふなぐち
菊水一番しぼり

じゅくせいふなぐちきくすいいちばんしぼり

しぼりたて生原酒「ふなぐち」をアルミ缶に詰め、15℃以下で一年以上缶内熟成させた吟醸生原酒。熟成酒ならではのおだやかな甘みととろりとした舌ざわりが、はちみつのコクのある甘さをからめた白玉によく合う。

菊水酒造（p89）／新発田市
原料米／五百万石　精米歩合55%　日本酒度－4
200㎖缶 324円

にいがた蔵ものがたり

創業明治14年。つねに「良い酒とは何か」を問いかけ、良いモノづくりと良いコトづくりの融合を目指す。昭和47年に日本初の缶入り生原酒の「ふなぐち菊水一番しぼり」を発売し、生酒のカテゴリーを確立。

梅干し蒸しパン

豆乳風味の甘みをおさえた蒸しパンに
梅干しのほろ酸っぱさが見え隠れ。
梅には梅を。日本酒仕込みの梅酒とともに。

材料（直径５cmの紙カップ４個分）

○梅干し	２個
○小麦粉	100g
○グラニュー糖	40g
○ベーキングパウダー	小さじ1/2
○たまご	１個
○豆乳	50cc
○サラダ油	大さじ１

1 梅干しは種を取って刻む。

2 小麦粉とベーキングパウダーは合わせてふるう。

3 ボールにたまご、豆乳、サラダ油、グラニュー糖、１を入れて混ぜ合わせ、２を２回に分けて加え、さっくりと混ぜ合わせる。

4 ３をカップに入れ、蒸気の立った蒸し器に入れて約15分蒸す。

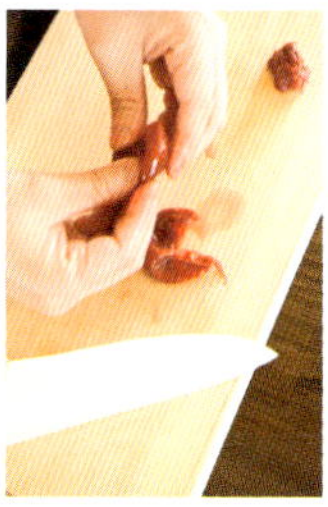

一緒に呑むならこのお酒

越後の蔵秘伝 梅酒

えちごのくらひでん　うめしゅ

昔ながらの山廃仕込みで造った純米吟醸酒「越後の蔵秘伝」に、上越市名立で減農薬栽培した「越の梅」を漬け込んだ梅酒。日本酒ベースのきりりとした味わいの梅酒には、梅干しの酸味を効かせた蒸しパンがぴたりとはまる。

君の井酒造（p97）／妙高市

原料酒／純米吟醸酒　精米歩合 58%　日本酒度+3

500 mℓ　1300 円

にいがた蔵ものがたり

創業1842（天保13）年。昭和4年に鉄筋2階の蔵を建て、県内でいち早く酒質向上に努めてきた。労力や日数を要する昔ながらの山廃酒母造りを貫く。力強く幅のある飲み口に、根強いファンが多い。

日本酒
リキュールを
使って

ヨーグルト
グラニテ入りゆず酒

「グラニテ」はフランス語で氷菓子のこと。ヨーグルトの氷をゆず酒でとかしながら、ごくり。ほどよい酸味が体にやさしい。

材料（4人分）
○ゆず酒　1カップ
○プレーンヨーグルト　100cc
○グラニュー糖　大さじ1

1 ヨーグルト、グラニュー糖を混ぜ、容器に入れて冷凍庫で3時間以上冷やし固める。
2 グラスに1をスプーンで削って入れ、ゆず酒を注ぐ。

使ったのは、このリキュール

吟醸ゆず酒

ぎんじょうゆずしゅ

吉乃川の吟醸酒と、ゆず産地で知られる高知産のゆず果汁の出会いから生まれた清涼感あふれるゆず酒。ほんのり甘いヨーグルトグラニテと合わせると、ゆずの酸味がやわらいで、果汁の力がじんわりしみてくる。

吉乃川(p92)／長岡市
アルコール度　7度
500 mℓ 1470円

にいがた蔵ものがたり

創業1548(天文17年)。長岡市の醸造の町として知られる摂田屋で、敷地内でくみ上げる「天下甘露泉」を仕込み水に、蔵人が栽培する酒米を使い、伝承の技で酒を醸し続ける。

梅酒ゼリー入り
サイダー

日本酒ベースの梅酒のゼリーに
炭酸水がわくわく味をプラス。
シュワッ＆ツルンが楽しくておいしい。

材料（4人分）

○梅酒	350cc
○粉ゼラチン	5g
○炭酸水	1カップ

1 粉ゼラチンは大さじ2の水を混ぜてふやかし、レンジに20秒ほどかけ、溶かす。

2 梅酒200ccと1を混ぜ合わせて容器に入れ、冷蔵庫で冷やし固める。

3 2を適当な大きさにカットしてグラスに入れ、残りの梅酒と炭酸水を注ぐ。

使ったのは、このリキュール

大洋盛 蔵人の梅酒

たいようざかり　くらびとのうめしゅ

大洋盛の特別純米酒に、群馬県産白加賀梅を漬け、一年じっくり熟成させた梅酒。純米酒の旨みと梅の酸味、甘みが見事に融合。ゼリーを浮かべた炭酸水は、食後のデザートにもおすすめ。

大洋酒造 (p88)／村上市
アルコール度　11度
500 ㎖　1260円

にいがた蔵ものがたり

1945年に地元の14蔵が合併し、5年後に社名を大洋酒造、酒名を大洋盛に。以後地元から愛される地酒を高い技術で醸し続ける。酒米も蔵人が栽培し、原材料からとことんこだわる。

甘栗チョコ

溶かしてからめてさますだけ。
こんなにカンタンなのに
これほどお酒に合うなんて、驚き。

材料（10 個分）
〇甘栗（皮むき）　10 個
〇チョコレート　50g

1 鍋に割ったチョコレートを入れて弱火で溶かし、甘栗につける。
2 チョコレートが固まったら器に盛る。

茶豆のワンタン揚げ

ワンタンの衣の中には
練乳がしみたちょっぴり甘い枝豆が。
揚げワンタンによく合います。

材料（12 個分）

○茶豆（枝豆）　1/2 カップ
（塩ゆでしてさやから取り出したもの）
○ワンタンの皮　12 枚
○練乳　大さじ 2
○サラダ油　適量

1 茶豆と練乳は混ぜ合わせる。
2 ワンタンの皮を広げ、1 をのせて包む。
3 サラダ油できつね色になるまで揚げる。

ごまカスタード

味わうとほのかに感じる
ごま風味が、お酒の呼び水に。
お好みのクッキーにつけて召し上がれ。

材料（約１カップ分）

○卵黄　２個分
○牛乳　１カップ
○グラニュー糖　50g
○白練りごま　大さじ１
○小麦粉　大さじ２
○クッキー　適宜

1 鍋に卵黄、グラニュー糖、ふるった小麦粉を入れて混ぜ合わせる。
牛乳を少しずつ加えて混ぜる。

2 １を弱火にかけ、木ベラで混ぜる。とろみがついてきたら練りごまを加えて
混ぜる。粗熱が取れたら容器に入れて冷蔵庫で冷やす。

3 ２を好みのクッキーにつけていただく。

とろーりきな粉ミルク

きな粉の素朴な味わいと
舌ざわりを楽しんで。
ひと口なめたら、お酒が恋しくなります。

材料（４人分）

○牛乳　２カップ
○きな粉　20g
○コーンスターチ　20g
○グラニュー糖　40g

1 ボールにコーンスターチ、グラニュー糖、
きな粉を入れて混ぜ、牛乳を少しずつ加えて混ぜ合わせる。
2 １を鍋に移し、弱火にかけてとろみがつくまで木べらで混ぜる。
容器に入れ、粗熱が取れたら冷蔵庫で冷やす。
3 器に盛り、きなこ（分量外）をかける。

お菓子と日本酒 Merci!

このお菓子にはこのお酒。
中島有香さんアドバイス、
酒屋さんセレクトの
お菓子にぴったりな新潟の日本酒を
ご紹介します。

甘栗チョコ（p68）

しっかり旨みを感じる純米酒や純米吟醸酒で。
ちょっとくせのある古酒も合います。

越乃鹿六《こしのかろく》 純米吟醸《じゅんまいぎんじょう》

旨みを感じつつ、吟醸造りによる気品を備える純米酒。漫画『美味しんぼ』に登場。

近藤酒造（p91）／五泉市
原料米／五百万石　精米歩合 55%
1.8ℓ 2854 円
日本酒度 +4

純米原酒《じゅんまいげんしゅ》 カワセミの旅《かわせみのたび》

ワインに似た酸味をもつ甘口のお酒。チョコレートとの相性のよさは折り紙付き。

越の華酒造（p90）／新潟市
原料米／コシイブキ　精米歩合 70%
180 mℓ 840 円、720mℓ 2520 円
日本酒度 -30

スパークリング大吟醸ゆきくら《すぱーくりんぐだいぎんじょうゆきくら》

アルコール度 12 度と低めで甘口。さわやかな香りと味わいが特長。

玉川酒造（p93）／魚沼市
300 mℓ 850 円、720 mℓ 2300 円
日本酒度 -35

茶豆のワンタン揚げ（p70）

練乳の甘さと揚げ物の重さに負けない
個性派タイプの純米吟醸酒がおすすめ。

純米吟醸《じゅんまいぎんじょう》 山廃仕込《やまはいじこみ》 越後の蔵秘伝《えちごのくらひでん》

昔ながらの山廃仕込で造られた、こだわり派向けの力強くコクのある味わい。

君の井酒造（p97）／妙高市
原料米／五百万石　精米歩合 58%
720 mℓ 1208 円、1.8ℓ 2415 円
日本酒度 +3

笑満寿《わらいます》 山廃仕込《やまはいじこみ》 特別純米酒《とくべつじゅんまいしゅ》

生きた乳酸菌を使い手造りで醸す、ふくよかな甘みとすっきりした味わいのお酒。

住乃井酒造（p93）／長岡市
原料米／たかね錦　精米歩合 58%
300 mℓ 522 円、720 mℓ 1260 円、1.8ℓ 2551 円
日本酒度 +5

ゆらぎ想天坊《ゆらぎそうてんぼう》 合鴨農法《あいがものうほう》 純米吟醸《じゅんまいぎんじょう》

当主義父が手がける合鴨農法で有機無農薬栽培した酒米で醸すこだわりの純米酒。

河忠酒造（p93）／長岡市
原料米／たかね錦　精米歩合 50%
1.8ℓ 4410 円
日本酒度 ±0

ごまカスタード（p72）

本醸造酒をちょっと熱めの燗で。
アイスクリームに熱燗の決め手は黒胡椒。

八海山 本醸造《はっかいさん ほんじょうぞう》

吟醸造り同様の技、長期低温発酵で醸した、呑みあきしない高品質な日常酒。

八海醸造（p94）／南魚沼市

原料米／五百万石など　精米歩合 55%
180 mℓ 347 円、300 mℓ 523 円、720 mℓ 1157 円、1.8 ℓ 2408 円

日本酒度 +5

金鶴 本醸造《きんつる ほんじょうぞう》

さらりとした喉ごしと、バランスのとれた味わいで、呑みあきしない日常酒。

加藤酒造店（p88）／佐渡市

原料米／五百万石など 精米歩合 64%
720 mℓ 830 円、1.8 ℓ 1940 円

日本酒度 +3

特別本醸造 謙信《とくべつほんじょうぞう けんしん》

地元糸魚川で地酒として根強い人気を誇る。さまざまな温度で試したい。

池田屋酒造（p96）／糸魚川市

原料米／五百万石など　精米歩合 60%
720 mℓ 1019 円、1.8 ℓ 2037 円

日本酒度 +3

とろーりきな粉ミルク（p74）

すっきりしていて香りが立つ吟醸酒が
きな粉の素朴な味わいを華やかに演出。

大吟醸 真野鶴 万穂《だいぎんじょう まのつる まほ》

フルーツを思わせる華やかで熟成した香りとまろやかな口当たりをあわせもつ。

尾畑酒造（p88）／佐渡市

原料米／山田錦　精米歩合 35%
720 mℓ 5250 円、1.8 ℓ 10500 円

日本酒度 +3

美の川 越の雄町 大吟醸《みのがわ こしのおまち だいぎんじょう》

地元で契約栽培する酒米、雄町を使って醸したさわやかな含み香の大吟醸酒。

美の川酒造（p92）／長岡市

原料米／雄町　精米歩合 40%
720 mℓ 4000 円

日本酒度 +2

大吟醸 よしかわ杜氏《だいぎんじょう よしかわとうじ》

米本来の力を生かす農法で地元で栽培する山田錦で造る、きれいな酸味の大吟醸。

よしかわ杜氏の郷（p96）／上越市

原料米／山田錦　精米歩合 40%
720 mℓ 2678 円、1.8 ℓ 5355 円

日本酒度 +4

日本酒度とは？　甘口、辛口の目安になる数字で、マイナスほど甘くプラスになるほど辛い。実際に感じる甘辛は、このほかに酸なども関係するので、あくまでも " 目安 " です。

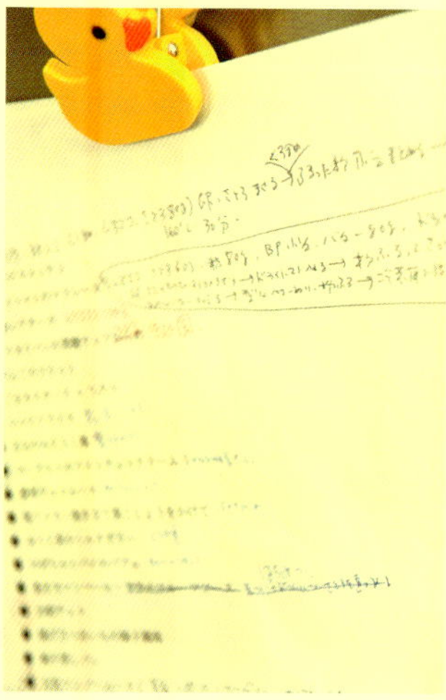
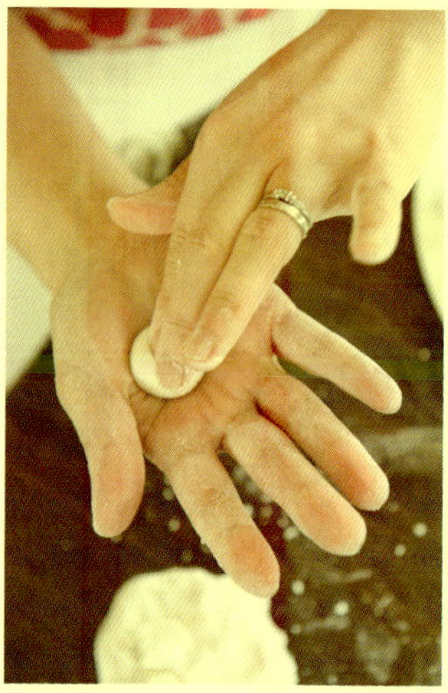

「日本酒とお菓子」の意外な組み合わせ、
いかがでしたか？

お料理といただく日本酒が、
じっくり、とことん楽しむものだとしたら、
お菓子といただく日本酒は、
まったり、ゆるゆると楽しむ感じ。

例えば、多少の家事や所用はあるけれど、
とくべつ急ぐことはない・・なんていう、休日の午後。
ほんのり甘いお菓子と、お気に入りのお酒を、
ボサノバの BGM と一緒に。
心身ともにいい具合に力が抜けて、
リラックスできるのが実感できます。
それでいて、その後に影響しない程度の酔い加減が
実に魅力的。

例えば、友人とのおしゃべり。
“さらり”と“しんみり”の間の、
“そこそこに深い”お話しをしたいとき、
この組み合わせ、効きますよー。
コーヒーや紅茶には真似できない、
日本酒ならではの「技」に気がつくはずです。

本書にある 30 のお菓子が、
日本酒の新しい魅力の扉を開くきっかけになりますよう、
願いを込めて。
乾杯！

中島有香

cu: 食べる + shu: 呑む

その土地を大切に、ていねんい育まれる日本酒＆食材。
これらがふつうにあふれている新潟。
そんな新潟の日常の”おいしさ”をみんなで分かち合いたい。
cushu は”新潟のおいしい”の合い言葉です。

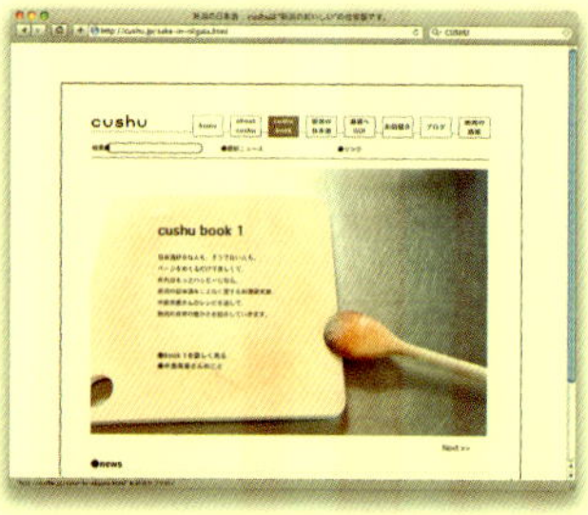

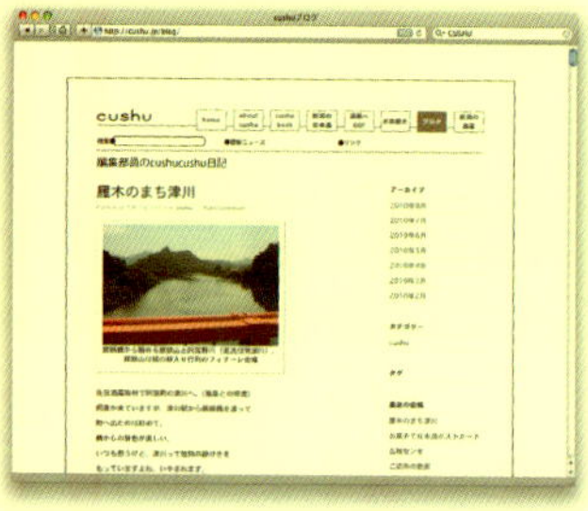

http://cushu.jp

cushu の web サイト、ぜひのぞいてみて下さい。cushu book シリーズのこと、cushu のイベント、日々進行中の cushu プロジェクト、編集部員のブログ、そして耳寄りでおいしい新潟の日本酒の情報、etc.etc.‥。
きっとあなたの cushu スタイルが見つけられるはず。
cushu book の通信販売もやってます。

知ってると
もっとおいしい！楽しい！

cushu 講座

お菓子とお酒のマッチングでご紹介したいろいろな日本酒。
その種類のことから、日本酒独特のニュアンスをもつ言葉のこと
そしてどうやってお米が日本酒になっていくのか……。
cushu 的に、楽しく学びましょう。

cushu book2 に登場した日本酒ことば

お菓子とお酒のマッチングのコーナーなどで
出てきた、日本酒独特のことば。
その意味がわかるだけで、
日本酒はぐっと身近に、親しみやすくなります。

酒米（さかまい）

日本酒を造るために品種改良されたお米。食べるお米に比べて粒が大きく、真ん中に「心白（しんぱく）」と呼ばれる白い部分があります。この部分がお酒のおいしさのカギになります。

精米歩合（せいまいぶあい）

雑味のもとになる、米の外表部を削り落とし、残った部分の割合をいいます。
高級酒はできるだけ雑味を落としきれいな味わいを求めるので、精米歩合は少なくなります。

五百万石（ごひゃくまんごく）

1957 年に新潟県で誕生した酒米で、この米の特性と、新潟の軟水、そして低温長期発酵という技術のコラボで、新潟独特のすっきりとしたきれいな味わいが可能になったといわれています。

越淡麗（こしたんれい）

約 15 年の試験研究を経て、2004 年に新潟県で誕生した酒米。母は兵庫県生まれの「山田錦」、父は「五百万石」。「越淡麗」の登場で、すっきりした味わいからふくらみのある味わいまで、すべて新潟のお米で造れるようになりました。

山田錦（やまだにしき）

1936 年に兵庫県で開発された酒米。ふくらみのある味わいが特長で、香り高い吟醸酒などの高級酒向けの酒米として多用されています。鑑評会の出品酒に使われることも多い酒米。

たかね錦（にしき）、雄町（おまち）、一本〆（いっぽんじめ）

すべて酒米の品種。たかね錦は長野県で誕生し、県内では五百万石に次ぐ作付面積。ふくらみのある味わい。雄町は岡山原産の日本最古の酒米でコクが特長。一本〆は五百万石より栽培が容易で心白が大きいのが特長。

吟醸香（ぎんじょうか）

低温でじっくりと発酵させる吟醸造りによって生まれる、独特のフルーティーな香り。りんごやメロン、バナナなどを思わせる香りです。

キレ味、淡麗

あと味がすっきりする感じが「キレ味」。そのキレがあり、なおかつ香りと味のバランスがとれたすっきりしたタイプを「淡麗」といいます。

山廃仕込み（やまはいじこみ）

お酒が発酵するもととなる「酒母（しゅぼ）」のつくり方の一つ。通常は乳酸を加えて雑菌繁殖を防ぎますが、その代わりに乳酸菌の発酵作用で乳酸をつくり出す方法で、時間と手間がかかります。乳酸発酵による独特の風味があります。

醸造アルコール

日本酒の香りをととのえるという、プラスの目的で使われるアルコール。「純米酒」以外の清酒の原料として認められていて、しぼる直前のもろみに加えます。サトウキビや米、トウモロコシなどが原料で、加える量には規制があります。

日本酒の種類

普通酒って何？
吟醸酒、純米酒、純米吟醸酒、本醸造酒……、
さらに「大」がつく大吟醸酒とはいったい？
同じ日本酒なのに、何がどうちがうのか。
２ステップでばっちりナットク！

Step 1 大きく分けて２つに分かれる

日本酒には「特定名称酒」とそれ以外の「普通酒」があります。

特定名称酒

使っている米の品質、その米をどのくらい精米するか（p82「精米歩合」参照）、どんな原料を使っているか、どんなつくり方をしているかなどなどが定められている高品質な日本酒のこと。新潟では全体の出荷量の７割近くがこの特定名称酒。全国平均は３割以下。この数字から新潟の日本酒の質の高さがわかります。

それ以外　⇒　普通酒

特定名称酒以外の日本酒。「レギュラー」とも呼ばれます。リーズナブルなので日常の晩酌によく呑まれているタイプ。とはいえあなどるなかれ。この品質についても、新潟はこだわっています。特定名称酒の条件をクリアーしていても、普通酒として手頃な価格で販売しているケースも少なくありません。地酒として愛される味わいの基本が普通酒。だからこそ手を抜かない。他県から訪れた人たちが「新潟のお酒にははずれがない」という言葉が、それを物語っています。

Step 2 特定名称酒の基本は３タイプ

特定名称酒は細かくは８種類に分けられますが、
基本となるのは吟醸酒、純米酒、本醸造酒の３タイプです。

吟醸酒

精米歩合は60%以下。米、米麹、水のほかに醸造アルコール（p82）を使っています。低温でていねいに発酵させる吟醸造りで、吟醸香（p82）があり色つやのよいお酒。

本醸造酒

精米歩合が70%以下で、醸造アルコールを使い、香りや色つやのよいお酒。

純米酒

米、米麹、水だけで造られるお酒。精米歩合の決まりはありません。香りや色つやがよいことも条件です。

	精米歩合 70% 以下	精米歩合 60% 以下	精米歩合 50% 以下
醸造アルコール使用	本醸造酒	吟醸酒	大吟醸酒
醸造アルコール不使用	純米酒	純米吟醸酒	純米大吟醸酒

ほかに「特別本醸造酒」・「特別純米酒」
品質の高さを裏付ける特別な製造方法（例えば精米歩合60%以下）で造る本醸造酒・純米酒のこと。

お米がお酒になるまで

お米から日本酒へ。
そこにはどんな工程があるのでしょうか？
人の手をかけ、思いを託して
お酒が誕生する過程を知ると、
お酒のおいしさもまた、格別なものになります。

（撮影協力／金鵄盃酒造、大洋酒造、樋木酒造）

Step 1 精米し、米をとぎ、水に浸す。翌日蒸かす。

精米・洗米・浸漬・蒸米

「一麹、二酛（もと）、三造り」と、昔から酒造りの現場でいわれるように、酒造りで最も大事なのが麹。その麹を造る蒸し米のよしあしが、しっかりとスタートラインに立てるかどうかを左右します。大切なのは米にどの程度水を吸わせるか。米の温度や水分、気温などから洗米、浸漬時間が秒単位で割り出されます。理想の蒸し米が出来上がりました。

自社、複数の蔵での共同、業者委託など精米方法はさまざま。高級酒に使う高精白米は砕けやすいので、ざるなどで手とぎする蔵が多いが、普通酒も含めてすべて手とぎの酒蔵もある。蒸し上がったら、すぐに広げて温度を下げる。蒸し米の用途は麹を造る「麹米」と、仕込みの際に加える「掛け米」の２つ。

Step 2 ふかした米に麹菌を植え付け、発芽、増殖させる

麹づくり

麹の一番の役目は、米のでんぷんを糖分に変えること。麹は、蒸し米に麹菌を植え付けて繁殖させて造ります。麹造りが行なわれるのは外気を遮断し、麹が育ちやすいよう温度、湿度を設定した「麹室（むろ）」。菌を植え付けたら、その温度の変化に合わせて昼夜問わず作業が行なわれます。菌と向き合いながら理想の酒を求める日々の始まりです。およそ二昼夜かけて麹ができあがります。

麹を植え付ける方法や、麹を繁殖させるときの容器などは、蔵によってさまざま。それぞれの蔵の技術が伝承されている。菌の繁殖とともに香りと見た目が変化していく。しいたけ、栗、梅の花など、香りも繁殖状況の大事な判断材料となる。

刈り取り直前の新潟県産の酒米「越淡麗」。
稲刈り時期は飯米のコシヒカリより遅く、
9月下旬頃。県内では蔵元自らが酒米を
栽培するケースも多い。

Step3 アルコールを作る働きをもつ「酵母」を増やす

酒母（酛）づくり

お酒は、米のでんぷんを麹が糖分に変え、その糖分を酵母がアルコールに発酵して造られます。まずはアルコールを作る役割を担う「酵母」を大量に増やしておかなければなりません。そのために酒母（酛）をつくります。水、麹、米に酵母を加え、その酵母たちがすくすくと育つ酒母が出来上がります。乳酸を使う方法では約2週間で完成します。

酒母の仕込みでは、醸造用の発酵乳酸を使う方法と、
蔵にすみつく自然の乳酸菌を利用する方法がある。
酵母はアルコールだけでなく酒の味や香りも生み出す
ので、使う酵母の種類によって、違う香り、味わいの
お酒になる。

Step4 酒母に水、麹、蒸し米を加える

もろみづくり：仕込み

いよいよ日本酒造りのメインの工程、仕込みです。酒母に水、麹、蒸し米を混ぜ合わせてもろみをつくりますが、一度に入れず、三回に分けて加えます。一度に大量に入れると、麹と酵母の働きのバランスが悪くなるからです。これがよく耳にする「三段仕込み」。仕込まれたもろみが徐々に変化し、お酒になっていきます。

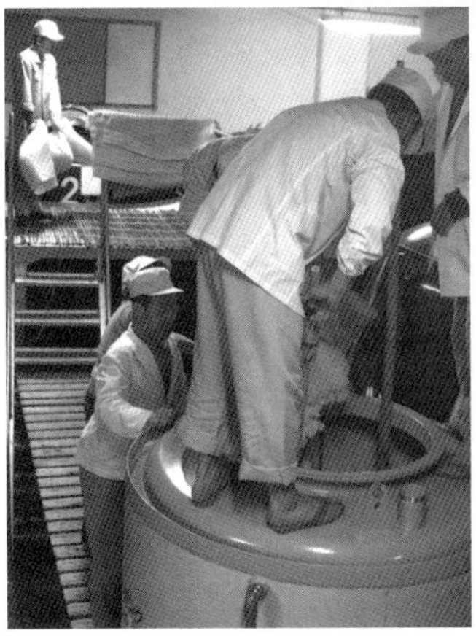

三段仕込みの最初の仕込みを「初添え」といい、その
翌日は仕込みを休み、このことを「踊り」という。
翌日の二回目の仕込みが「仲添え」、最後の仕込みが
「留添え」。段階を経るごとに、加える米の量は倍に
なっていく。

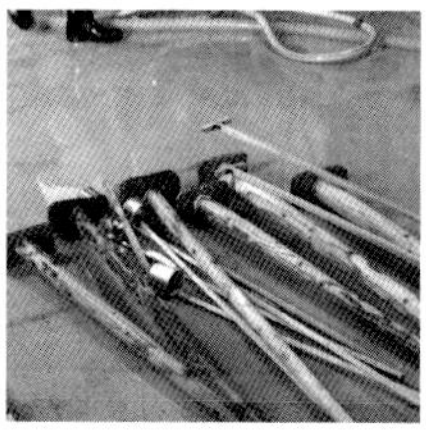

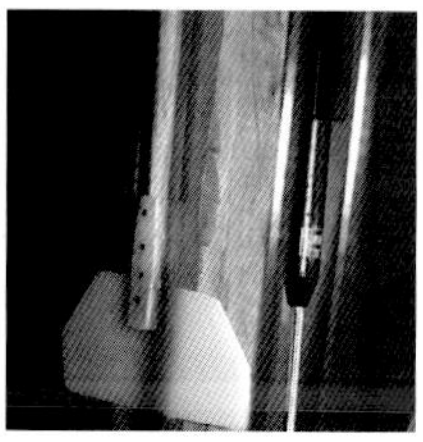

もろみが少しずつ変化し、アルコールを発酵

Step5

もろみの管理

留め仕込みを終えると、もろみは少しずつ発酵し、温度が上がっていきます。タンクの中では、米のでんぷんが糖化されるとともに、その糖を酵母がアルコールに変えていくという二つの変化が同時に起こっています。これを「並行複発酵」といい、日本酒独特の発酵形態。もろみ期間は毎朝サンプルをとって分析し、設計図通りのお酒になるよう、徹底した温度管理がほどこされます。

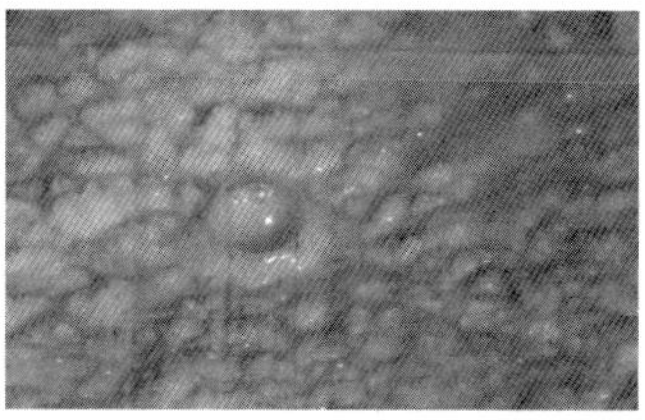

もろみ初期はまだ米の形が残り糊のようだが、徐々に米がとけ、発酵が進むに連れて、発生する炭酸ガスによってもろみはふつふつとかすかな音を立てながら、タンク内でゆっくり自転する。この音や泡の状態で、発酵状態を知ることができる。分析とカンを働かせ、しぼるタイミングを決める。

もろみをしぼる

Step6

上槽

アルコール度数が 20%近くなると、酵母は発酵の働きをやめ、もろみの発酵はほぼ終了します。そのタイミングを逃さず、もろみをしぼります。しぼるタイミングを決めるのは杜氏の大きな役割。一般には空気圧による自動圧搾機でしぼり、お酒と酒粕に分けます。出品酒の場合は袋に入れて吊るしたり、タンクなどに摘み重ね、自然にたれてくる分だけを取ります。

麹純米酒以外では、原料として醸造アルコールを使ってよいことになっているが、使用量には制限がある。目ざす酒質をかなえるのに最適な添加量を計算し、しぼる前のもろみに加える。どんなベテラン杜氏でも、その年の造りの最初の一本をしぼるときは緊張するという。しぼったあとの酒を利くのも杜氏の役目だ。

劣化を防ぐためのさまざまな方策

Step7

おり引き、ろ過、火入れ

しぼったばかりの清酒には、まだ酵母や麹菌、酵素が残っていて劣化しやすいので、そういったもの（おり）を沈殿させ、上澄みだけを移動させる。ろ過は脱色や香味調整とともに、まだ残っている品質劣化の原因物質を活性炭で吸着させる。火入れは、お酒にとってもっとも怖い火落ち菌を殺菌するとともに、劣化を招く酵素の働きを止める。

出品酒の場合はおり引き管を使い、上澄みを別の瓶に移していく。火入れは、出品酒の場合は一升瓶をお燗器に入れて65℃で約45分。その他のものの火入れは、約65℃にセットされた蛇管（熱交換機）を通すことで行なわれることも。

貯蔵、瓶詰め、ラベル貼り

Step8

そして、出荷

出来上がったばかりのお酒は荒々しさがあるので、一定期間貯蔵してから出荷される場合が多いようです。その時期はそれぞれの蔵元が目指すお酒によって違ってきます。出荷が決まると、まず瓶詰めが行なわれます。一般にはこのときに同時に火入れが行なわれます。瓶詰め後はラベル貼り。機械化が進んでいますが、少量や、ラベルが特殊な場合などは今でも手で張っています。

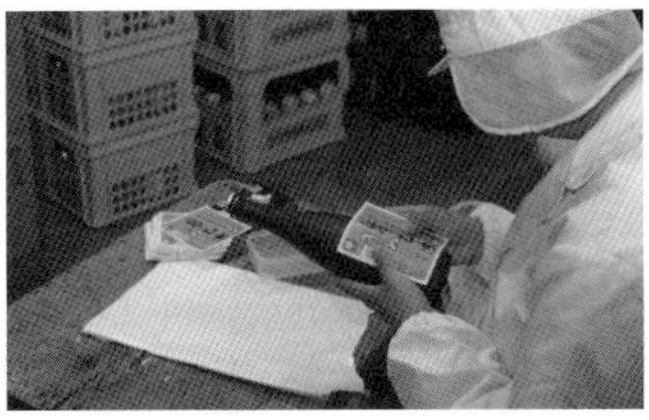

瓶詰め前、瓶詰め時など念入りに、異物が混入していないかどうかを目視で確認する。和紙などの特殊ラベルや、形が変わっているものは機械で張ることができないので、一本一本手で作業が行なわれる。ラベルには製造時期が印字され、出荷される。

新潟県の酒蔵

海、山、川、見渡す限りの平野……。すべての自然を包括し
四季の移ろいをふつうに、五感で感じ取れる新潟の地。
この自然の恵みと越後人の繊細な感性を生かし
酒造りの技は脈々と受け継がれてきました。
そして現在も９０以上の酒蔵で、
その地に根ざした日本酒が生まれています。
「造り手が目指す酒」とともに、蔵元をご紹介しましょう。

佐渡の酒蔵

天領盃酒造

代表銘柄「天領盃 てんりょうはい」
創業 昭和 58（1983）年
住所／佐渡市加茂歌代 458
TEL0259-23-2111 [ホームページ○]

蔵見学○(無料、予約不要、通年・年末年始除く)

杜氏
市橋幸則さん

「蔵人ひとりひとりの技術を向上させ、ばらつきのない酒質でくせのない酒」

加藤酒造店

代表銘柄「金鶴 きんつる」
創業 大正 4（1915）年
住所／佐渡市沢根炭屋町 50
TEL0259-52-6511 [ホームページ ×]

蔵見学 ×

杜氏
池田優 さん

「口の中で自然にすーと溶けていく、淡雪のような酒を造りたい」

尾畑酒造

代表銘柄「真野鶴 まのつる」
創業 明治 25（1892）年
住所／佐渡市真野新町 449
TEL0259-55-3171 [ホームページ○]

蔵見学○(無料、予約不要、通年)

杜氏
工藤賢也さん

「素材の力を最大限に引き出し、バランスに優れた酒を目指す」

逸見酒造

代表銘柄「真稜 しんりょう」
創業 明治 5（1872）年
住所／佐渡市長石 84- 甲
TEL0259-55-2046 [ホームページ ×]

蔵見学○(無料、要予約、4 月中旬～ 9 月末)

杜氏
若野和弘 さん

「味のある酒を造り、呑んでくれる人に喜んでもらいたい」

北雪酒造

代表銘柄「北雪 ほくせつ」
創業 明治 5（1872）年
住所／佐渡市徳和 2377-2
TEL0259-87-3105 [ホームページ○]

蔵見学○(無料、要予約、5 月～ 10 月)

杜氏
渡辺寛治さん

「米、水、風土。佐渡の自然の恵みを大切にした伝統の酒造りを目指す」

下越地方の酒蔵

大洋酒造

代表銘柄「大洋盛 たいようざかり」
創業 昭和 20（1945）年
住所／村上市飯野 1-4-31
TEL0254-53-3145 [ホームページ○]

蔵見学○(無料・予約不要（週末は要予約）・10 名～)

杜氏
田澤勝さん

「地元で育てた米で、地の食材に合った、地元に愛される酒を目指す」

宮尾酒造

代表銘柄「〆張鶴《しめはりつる》」
創業 文政 2（1819）年
住所／村上市片町 5-15
TEL0254-52-5181［ホームページ○］

蔵見学 ×

製造部課長
吉田修 さん

「呑みあきず、
料理と味を引き立て合う酒」

市島酒造

代表銘柄「王紋《おうもん》」
創業 寛政 2（1790）年
住所／新発田市諏訪町 3-1-17
TEL0254-22-2350［ホームページ○］

蔵見学○（無料、予約不要、通年・年末年始除く）

杜氏
田中毅 さん

「口に入れたときにやわらかくまろやかな、
呑み手に愛される酒」

菊水酒造

代表銘柄「ふなぐち菊水
一番しぼり《ふなぐちきくすいいちばんしぼり》」
創業 明治 14（1881）年
住所／新発田市島潟 750
TEL0254-24-5111［ホームページ○］

蔵見学 ×

生産部マネージャー
河内秋弘さん

「呑み手の要望を大切に、
料理を引き立てる脇役に徹する酒を目指す」

金升酒造

代表銘柄「初花《はつはな》」
創業 文政 5（1822）年
住所／新発田市豊町 1-9-30
TEL0254-22-3131［ホームページ ×］

蔵見学 ×

製造部長
高橋巌 さん

「北越後新発田の米と水、
そして風土を生かした酒造り」

ふじの井酒造

代表銘柄「ふじの井《ふじのい》」
創業 明治 19（1886）年
住所／新発田市藤塚浜 1335
TEL0254-41-3165［ホームページ○］

蔵見学 ×

「地元農家と共に育てた米を使い、
地元に愛され共に発展する酒を造る」

越後桜酒造

代表銘柄「越後桜《えちござくら》」
創業 明治 23（1890）年
住所／阿賀野市山口町 1-7-13
TEL0250-62-2033［ホームページ○］

蔵見学○（無料、予約不要、通年・月曜・年末年始・お盆などを除く）

製造責任者
檜垣聡さん

「いつでも気軽に、
肩を張らずにおいしく呑める酒」

越つかの酒造

代表銘柄「越乃あじわい《こしのあじわい》」
創業 天明元（1781）年
住所／阿賀野市分田 1328
TEL0250-62-2011［ホームページ○］

蔵見学○（有料・要予約）

杜氏
伊藤悟さん

「独自の製法で、自分たちにしか造れない、
淡麗かつ味わい深い酒」

白龍酒造

代表銘柄「白龍《はくりゅう》」
創業 天保 10（1839）年
住所／阿賀野市岡山町 3-7
TEL0250-62-2222［ホームページ○］

蔵見学 ×

杜氏
山川譲さん

「口の中でふくらみと軽い旨みがある、
そしてさらにキレのよい酒」

越後伝衛門

代表銘柄「伝衛門《でんえもん》」
創業 平成 8（1996）年
住所／新潟市北区内島見 101-1
TEL025-388-5020［ホームページ ×］

蔵見学 ×

製造責任者
尾崎雅博 さん

「呑むと味があり、それでいて
きれいな酒を造りたい」

小黒酒造

代表銘柄「越乃梅里《こしのばいり》」
創業 明治 41（1907）年
住所／新潟市北区嘉山 1-6-1
TEL025-387-2025［ホームページ○］

蔵見学 ×

製造責任者
小黒秀平さん

「おいしくて健康に役立つ。
新しい酒の可能性を探っていきたい」

越後酒造場

代表銘柄「越乃八豊 こしのはっぽう」
創業 昭和 61（1986）年
住所／新潟市北区葛塚 3306-1
TEL025-387-2008［ホームページ○］

蔵見学 ×

杜氏
花森弘さん
「呑みやすく、くせのない、まろやかなお酒。あと味はすっきり」

村祐酒造

代表銘柄「村祐 むらゆう」
創業 昭和 23（1948）年
住所／新潟市秋葉区舟戸 1-1-1
TEL0250-38-2028［ホームページ ×］

蔵見学 ×

杜氏
村山健輔 さん
「口当たりやわらかでキレがある。涼しい甘さのある清潔感のある酒」

今代司酒造

代表銘柄「今代司 いまよつかさ」
創業 明和年間（1764 ～ 1772）
住所／新潟市中央区鏡が岡 1-1
TEL025-244-3010［ホームページ○］

蔵見学○（無料、要予約、通年・年末年始除く）

杜氏
高杉修さん
「くどくなく、すべりがよく、呑みあきしないバランスのとれた酒」

越の華酒造

代表銘柄「越の華 こしのはな」
創業 明治 3（1869）年
住所／新潟市中央区沼垂西 3-8-6
TEL025-241-2277［ホームページ○］

蔵見学 ×

杜氏
池田秀世さん
「呑む人に感銘を与えられるような酒を造りたい」

石本酒造

代表銘柄「越乃寒梅 こしのかんばい」
創業 明治 40（1906）年
住所／新潟市江南区北山 847-1
TEL025-276-2028［ホームページ ×］

蔵見学 ×

杜氏
竹内伸一 さん
「穏やかで、気づかないうちに杯が進む、料理の脇役に徹する酒」

塩川酒造

代表銘柄「越の関 こしのせき」
創業 大正元（1912）年
住所／新潟市西区内野町 662
TEL025-262-2039［ホームページ○］

蔵見学○（無料、要予約、5 月～ 9 月・日曜・祝日除く）

製造部長
塩川和広さん
「淡麗にして旨口、味わい深い酒質を目指す」

樋木酒造

代表銘柄「鶴の友 つるのとも」
創業 天保 3（1832）年
住所／新潟市西区内野町 582
TEL025-262-2014［ホームページ ×］

杜氏
樋口宗由 さん
「ふた口めに旨い酒」

高野酒造

代表銘柄「柳都 りゅうと」
創業 明治 32（1899）年
住所／新潟市西区木山 24-1
TEL025-239-2046［ホームページ○］

蔵見学○（無料、要予約、4 月～ 9 月・日曜祝日除く）

製造部長
石川博規さん
「深い味わいがありながら呑みあきせず、料理とともに気軽に楽しめる酒」

宝山酒造

代表銘柄「宝山 たからやま」
創業 明治 18（1885）年
住所／新潟市西蒲区石瀬 2953
TEL0256-82-2003［ホームページ○］

蔵見学○（無料、要予約、通年・不定休）

杜氏
青柳長市さん
「いい原材料を使い、技術を出し尽くす、とにかくいい酒を造る」

福井酒造

代表銘柄「峰乃白梅 みねのはくばい」
創業 不明（約 300 年前）
住所／新潟市西蒲区福井 1833
TEL0256-72-2839［ホームページ○］

蔵見学○（無料、要予約）

製造主任
山城哲也さん
「香りやわらかく口に含むとすっと入り、最後にしっかりと味を感じる酒」

上原酒造

代表銘柄「越後鶴亀 えちごつるかめ」
創業 明治 23（1889）年
住所／新潟市西蒲区竹野町 2580
TEL0256-72-2039［ホームページ○］

蔵見学 ×

醸造課長代理
藤田隆士さん

「社員全員が一工程ごとに神経を研ぎ澄まし、本当にいい酒を届けたい」

笹祝酒造

代表銘柄「笹祝 ささいわい」
創業 明治 32（1899）年
住所／新潟市西蒲区松野尾 3249
TEL0256-72-3982［ホームページ○］

蔵見学 ×

杜氏
畠山洋一 さん

「やわらかくて味の幅があり、蔵の個性を感じる筋の通った酒」

麒麟山酒造

代表銘柄「麒麟山 きりんざん」
創業 天保 14（1843）年
住所／東蒲原郡阿賀町津川 46
TEL0254-92-3511［ホームページ○］

蔵見学 ×

製造部長
長谷川良昭さん

「地元の良質な米と、森が育む清冽な水を使い、淡麗辛口ながら旨味のある酒造り」

下越酒造

代表銘柄「麒麟 きりん」
創業 明治 13（1880）年
住所／東蒲原郡阿賀町津川 3644
TEL0254-92-3211［ホームページ○］

蔵見学○（無料、要予約、通年・土日祝日は要相談）

杜氏
伊藤正敏さん

「地元の原材料にこだわり、テロワールを主張できる酒造りが目標」

近藤酒造

代表銘柄「越乃鹿六 こしのかろく」
創業 慶応元（1865）年
住所／五泉市吉沢 2-3-50
TEL0250-43-3187［ホームページ○］

蔵見学 ×

杜氏
猪芳雄 さん

「純米でもさっぱり。大いなる遊び心をもって皆が元気になる酒を造りたい」

金鵄盃酒造

代表銘柄「越後杜氏 えちごとうじ」
創業 文政 7（1824）年
住所／五泉市村松甲 1836
TEL0250-58-7125［ホームページ○］

蔵見学 ×

杜氏
阿部昇さん

「味があって、なおかつあと味がきれいな、すいすい呑める酒」

弥彦酒造

代表銘柄「泉流こしのはくせつ いずみりゅうこしのはくせつ」
創業 天保 9（1838）年
住所／西蒲原郡弥彦村 1830-1
TEL0256-94-3100［ホームページ ×］

蔵見学 ×

製造責任者
大井源一郎さん

「香り穏やかで口中ですっと交わり、ふくらんでからすっと抜けるような酒。」

中越地方の酒蔵

加茂錦酒造

代表銘柄「加茂錦 かもにしき」
創業 明治 26（1893）年
住所／加茂市仲町 3-3
TEL0256-52-0035［ホームページ ×］

蔵見学 ×

製造責任者
相田茂さん

「香りも強く味があり個性豊かで、呑んだ瞬間にほっとできる酒」

マスカガミ

代表銘柄「萬寿鏡 ますかがみ」
創業 明治 25（1892）年
住所／加茂市若宮町 1-1-32
TEL0256-52-0041［ホームページ○］

蔵見学○（無料、要予約、通年・土日祝日除く）

製造主任
田島功三さん

「米、水、恵まれた環境を大切に、バランスのとれた日本酒を造る」

雪椿酒造

代表銘柄「越乃雪椿 こしのゆきつばき」
創業 文化 3（1806）年
住所／加茂市仲町 3-14
TEL0256-53-2700［ホームページ○］

蔵見学 ×

杜氏
二宮一行さん

「食事の中で料理や会食の雰囲気を
引き立てる酒。食の中の名脇役」

福顔酒造

代表銘柄「福顔 ふくがお」
創業 明治 30（1897）年
住所／三条市林町 1-5-38
TEL0256-33-0123［ホームページ○］

蔵見学 ×

杜氏
小野塚章 さん

「呑む人に喜んでもらえる、
おいしいと言ってもらえる酒を醸したい」

美の川酒造

代表銘柄「美の川 みのがわ」
創業 文政 10（1827）年
住所／長岡市宮原町 2-13-31
TEL0258-32-0607［ホームページ○］

蔵見学 ×

杜氏
田中政之さん

「みなさんにおいしく呑んでいただける
日本酒をつねに心がける」

柏露酒造

代表銘柄「越乃柏露 こしのはくろ」
創業 宝暦元（1751）年
住所／長岡市十日町字小島 1927
TEL0258-22-2234［ホームページ○］

蔵見学○（無料、要予約、通年・祝日は要相談）

杜氏
白原光明さん

「淡麗辛口ながら、米の旨みとふくらみを
感じ呑んだあとも至福を感じる酒」

高橋酒造

代表銘柄「長陵 ちょうりょう」
創業 安政年間（1854 ～ 60 年）
住所／長岡市地蔵 1-8-2
TEL0258-32-0181［ホームページ○］

蔵見学○（要予約・時期・状況により中止あり、
通年・第 2・4 土日、祝日は休業、最大約 10 名）

杜氏
平澤清一 さん

「自分たちにしか造れない酒を造り続ける。
『独往』の精神を貫き、醸す」

吉乃川

代表銘柄「吉乃川 よしのがわ」
創業 天文 17（1548）年
住所／長岡市摂田屋 4-8-12
TEL0258-35-3000［ホームページ○］

蔵見学○（無料、要予約、通年・土日祝日除く）

杜氏
高橋敬さん

「淡麗で旨みが口の中に広がり
あと味がすっと切れていくような酒」

長谷川酒造

代表銘柄「雪紅梅 せっこうばい」
創業 天保 13（1842）年
住所／長岡市摂田屋 2-7-28
TEL0258-32-0270［ホームページ○］

蔵見学○（無料、要予約、3月～11月）

製造部長
長谷川昭郎さん

「天保の創業より続く伝統を守り
細やかでていねいな酒造りを目指す」

お福酒造

代表銘柄「お福正宗 おふくまさむね」
創業 明治 30（1897）年
住所／長岡市横枕町 606
TEL0258-22-0086［ホームページ○］

蔵見学○（無料、要予約、通年・土日祝日除く）

製造部長
中野義一さん

「米の特性を生かし旨みのある味わい
を目指す。長岡の地酒であり続ける」

恩田酒造

代表銘柄「舞鶴 まいつる」
創業 明治 8（1875）年
住所／長岡市六日市町 1330
TEL0258-22-2134［ホームページ○］

蔵見学 ×

製造部
小竹俊雄さん

「原料米を自社栽培し自社精米。
米にこだわり旨みのある酒を醸す」

諸橋酒造

代表銘柄「越乃景虎 こしのかげとら」
創業 弘化 4（1847）年
住所／長岡市北荷頃 408
TEL0258-52-1151［ホームページ○］

蔵見学 ×

杜氏
高橋孝一さん

「淡麗辛口の味わいを貫きながら、
旨さを感じる酒を目指す」

住乃井酒造

代表銘柄「住乃井 すみのい」
創業 宝暦 8（1758）年
住所／長岡市吉崎 581-1
TEL0258-42-2229［ホームページ○］

蔵見学 ×

杜氏・製造部長
田中良一 さん

「山廃仕込というユニークで
おいしいお酒を提供し続けていく」

中川酒造

代表銘柄「越乃白雁 こしのはくがん」
創業 明治 21（1888）年
住所／長岡市脇野町 2011
TEL0258-42-2707［ホームページ ×］

蔵見学 ×

杜氏
吉岡孝太郎さん

「料理の味をじゃましない、
呑みあきせず、きれいな酒造り」

河忠酒造

代表銘柄「福扇 ふくせん」
創業 明和 2（1765）年
住所／長岡市脇野町 1677
TEL0258-42-2405［ホームページ○］

蔵見学 ×

杜氏
郷良夫さん

「きれいな中にもふくよかで
やわらかな米の旨みを感る淡麗旨口の酒」

栃倉酒造

代表銘柄「米百俵 こめひゃっぴょう」
創業 明治 37（1904）年
住所／長岡市大積町一丁目乙 274-3
TEL0258-46-2205［ホームページ○］

蔵見学 ×

「淡麗さを残しながらも味の幅がある、
呑みあきしない酒を目指す」

朝日酒造

代表銘柄「朝日山 あさひやま」
創業 天保元（1830）年
住所／長岡市朝日 880-1
TEL0258-92-3181［ホームページ○］

蔵見学 ×

朝日蔵杜氏　木曽健太郎さん（左）、
松籟蔵杜氏　郷正博さん

「伝統におごらず技術を研鑽し、
真摯な姿勢で酒を造る」

久須美酒造

代表銘柄「清泉 きよいずみ」
創業 天保 4（1833）年
住所／長岡市小島谷 1537-2
TEL0258-74-3101［ホームページ○］

蔵見学 ×

杜氏
星清次郎さん

「薫りほのかに含味よく、のど越しはなめらか。
燗、冷ともに楽しめる酒」

池浦酒造

代表銘柄「和楽互尊 わらくごそん」
創業 天保元（1830）年
住所／長岡市両高 1538
TEL0258-74-3141［ホームページ○］

蔵見学○（無料、要予約、土日祝日は要相談）

杜氏
池浦隆太郎さん

「呑み終わったあとまた呑んでみたくなる、
個性ある日本酒」

関原酒造

代表銘柄「群亀 ぐんき」
創業 享保元（1716）年
住所／長岡市関原町 1-1029-1
TEL0258-46-2010［ホームページ○］

蔵見学○（現在改築中、再開未定）

杜氏
飯塚正人さん

「一つ一つの作業に心を込めて、
すっきりした味わいの酒を目指し造り続ける」

玉川酒造

代表銘柄「玉風味 たまふうみ」
創業 延宝元（1673）年
住所／魚沼市須原 1643
TEL025-797-2017［ホームページ○］

蔵見学○（無料、団体は要予約、通年）

「口の中で味が広がり、切れがあり、
のどを過ぎるとすっきり消える酒」

緑川酒造

代表銘柄「緑川 みどりかわ」
創業 明治 17（1884）年
住所／魚沼市青島 4015-1
TEL025-792-2117［ホームページ ×］

蔵見学○（無料、要予約、通年・営業日のみ）

杜氏
目黒幸蔵さん

「淡麗辛口ではあるが、味のある酒で
あと味のすっきりした酒」

原酒造

代表銘柄「越の誉 こしのほまれ」
創業 文化 11（1814）年
住所／柏崎市新橋 5-12
TEL0257-23-6221［ホームページ○］

蔵見学○（無料、要予約、通年・年末年始除く）

杜氏
平野保夫 さん

「口中ではやわらかさを、のど越しでは
すっきり感のある酒を目指す」

石塚酒造

代表銘柄「姫の井 ひめのい」
創業 大正元（1912）年
住所／柏崎市高柳町岡野町 1820-2
TEL0257-41-2004［ホームページ○］

蔵見学○（無料、要予約、4月～11月・日祝日を除く）

「もち米四段仕込みと寒造りに
こだわった、コクのあるおいしい酒」

新潟銘醸

代表銘柄「長者盛 ちょうじゃざかり」
創業 昭和 13（1938）年
住所／小千谷市東栄 1-8-39
TEL0258-83-2025［ホームページ○］

蔵見学 ×

杜氏
細川忠清さん

「米をよく磨き、よく溶かし、
旨みをそっくり出した雑みのない味」

高の井酒造

代表銘柄「越の初梅 こしのはつうめ」
創業 江戸時代後期
住所／小千谷市東栄 3-7-67
TEL0258-83-3450［ホームページ○］

蔵見学○（無料、要予約、通年・土日祝日を除く）

杜氏
和田一徳さん

「多くの方が気軽においしく、
楽しく幸せに呑める酒を目指す」

魚沼酒造

代表銘柄「天神囃子 てんじんばやし」
創業 明治 6（1873）年
住所／十日町市中条丙 1276
TEL025-752-3017［ホームページ ×］

蔵見学○（無料、要予約、通年・日祝日を除く）

「ひと口呑んで、旨みといやしを
感じる酒」

松乃井酒造場

代表銘柄「松乃井 まつのい」
創業 明治 29（1896）年
住所／十日町市上野甲 50-1
TEL025-768-2047［ホームページ○］

蔵見学 ×

杜氏
安達敏雄さん

「地元の人に愛される手造りのよさを
生かしたていねいな酒造り」

八海醸造

代表銘柄「八海山 はっかいさん」
創業 大正 11（1922）年
住所／南魚沼市長森 1051
TEL025-775-3121［ホームページ○］

蔵見学 ×

製造部長
南雲重光さん

「高品質で、いくらのんでも
呑みあきしない酒を造りたい」

青木酒造

代表銘柄「鶴齢《かくれい》」
創業 享保 2（1717）年
住所／南魚沼市塩沢 1214
TEL025-782-0023［ホームページ○］

蔵見学 ×

杜氏
新保英博さん

「最高の麹を造り、残らないきれいな旨みのある酒を醸していきたい」

髙千代酒造

代表銘柄「巻機《まきはた》」
創業 明治元（1868）年
住所／南魚沼市長崎 328-1
TEL025-782-0507［ホームページ○］

蔵見学○（無料、10 日前までに要予約）

杜氏
阿部茂夫 さん

「天恵の巻機名水で、希少な酒米『一本〆』の旨みを追求する酒造り」

瀧澤酒造

代表銘柄「苗場山《なえばさん》」
創業 明治 40（1907）年
住所／中魚沼郡津南町大字下船渡戊 555
TEL025-765-2011［ホームページ ×］

蔵見学○（無料、要予約、4月～10月・日・土曜一部除く）

杜氏
柳沢明義さん

「甘みがありすーっとのどを通り、呑んだあと『うまいなあ』と思える酒」

白瀧酒造

代表銘柄「上善如水《じょうぜんみずのごとし》」
創業 安政 2（1855）年
住所／南魚沼郡湯沢町大字湯沢 2640
TEL025-784-3443［ホームページ○］

試飲販売（蔵見学は要問合せ）○無料、通年（土日祝日除く）

杜氏
山口真吾さん

「伝統の酒造りを踏襲しながらも新しい白瀧の味を追求」

上越地方の酒蔵

武蔵野酒造

代表銘柄「スキー正宗《すきーまさむね》」
創業 大正 5（1916）年
住所／上越市西城町 4-7-46
TEL025-523-2169［ホームページ○］

蔵見学○（無料、予約不要、11月下旬～3月下旬・土日祝日除く）

杜氏
藤井健治 さん

「甘すぎず、辛すぎず、呑んで呑みあきしない酒を造りたい」

田中酒造

代表銘柄「能鷹《のうたか》」
創業 寛永 20（1643）年
住所／上越市長浜 129-1
TEL025-546-2311［ホームページ ×］

蔵見学 ×

杜氏
木村忠夫 さん

「淡麗で旨口の、日本の料理とともにおいしく味わえる酒」

妙高酒造

代表銘柄「妙高山《みょうこうさん》」
創業 文化 12（1815）年
住所／上越市南本町 2-7-47
TEL0258-74-3141［ホームページ○］

蔵見学 ×

杜氏
平田正行 さん

「米の味が感じられ、そこはかとなく風格と気品を感じる酒」

谷乃井酒造

代表銘柄「谷乃井《たにのい》」
創業 明治 25（1892）年
住所／上越市板倉区曽根田 782-1
TEL0255-78-2127［ホームページ ×］

蔵見学 ×

杜氏
小山幸司さん

「すっきりしていてのど越しがよく、食べ物に合う辛口の酒」

丸山酒造場

代表銘柄「雪中梅《せっちゅうばい》」
創業 明治 30（1897）年
住所／上越市三和区塔ノ輪 617
TEL025-532-2603［ホームページ ×］

蔵見学 ×

杜氏
村山俊郎さん

「やわらかな口当たりと、上品な旨みを感じてもらえるような酒」

竹田酒造店

代表銘柄「かたふね」
創業 慶応 2（1866）年
住所／上越市大潟区上小船津浜 171
TEL025-534-2320［ホームページ○］

蔵見学○（無料、要予約・通年※少人数のみ）

杜氏
小林義男さん

「ふっくらと丸く、辛さと調和した味のある酒を造り続けたい」

頚城酒造

代表銘柄「久比岐《くびき》」
創業 元禄 10（1697）年
住所／上越市柿崎区柿崎 5765
TEL025-536-2329［ホームページ○］

蔵見学 ×

杜氏
山田晃さん

「料理を引き立て、人と人の心を紡ぐ酒。そんな酒造りにこだわる」

代々菊醸造

代表銘柄「吟田川《ちびたがわ》」
創業 江戸時代中期
住所／上越市柿崎区角取 597
TEL025-536-2469［ホームページ ×］

蔵見学○（無料・要予約・通年（少人数のみ）

杜氏
江村亮一 さん

「人とのふれあいを大切にし、自田で収穫した米を仕込む淡麗旨口の酒」

加藤酒造

代表銘柄「清正《きよまさ》」
創業 文久 4（1864）年
住所／上越市吉川区下深沢 233－1
TEL025-548-3765［ホームページ ×］

蔵見学 ×

杜氏
塚田勝義さん

「つねに呑む側に近い視点で、毎日の晩酌酒として愛される酒造りに励む」

上越酒造

代表銘柄「越後美人《えちごびじん》」
創業 文化元（1804）年
住所／上越市飯田 508
TEL025-528-4011［ホームページ ×］

蔵見学○（無料、要予約、3月～11月・年末年始除く）

杜氏
飯野美徳さん

「古式を大切に今様を探る、心を込めた酒造り」

よしかわ杜氏の郷

代表銘柄「よしかわ杜氏《よしかわとうじ》」
創業 平成 12（2000）年
住所／上越市吉川区杜氏の郷 1
TEL025-548-2331［ホームページ○］

蔵見学○（無料、団体は要予約、通年・月曜定休、祝日の場合翌日定休）

製造部長
小池善一郎さん

「呑む人の好みに合わせた、呑んで気に入ってもらえるあきない酒」

池田屋酒造

代表銘柄「謙信《けんしん》」
創業 文化 9（1812）年
住所／糸魚川市新鉄 1-3-4
TEL025-552-0011［ホームページ ×］

蔵見学 ×

製造部長
原武敏さん

「やわらかく、米本来の味がある酒を目指す」

田原酒造

代表銘柄「雪鶴《ゆきつる》」
創業 明治 30（1897）年
住所／糸魚川市押上 1-1-25
TEL025-552-0109［ホームページ ×］

蔵見学 ×

杜氏
金子廣治さん

「しっかりとした旨みのある酒を造っていきたい」

加賀の井酒造

代表銘柄「加賀の井《かがのい》」
創業 慶安 3（1650）年
住所／糸魚川市大字大町 2-3-5
TEL025-552-0047［ホームページ○］

蔵見学○（無料、20 名以上は要予約・通年（不定休）

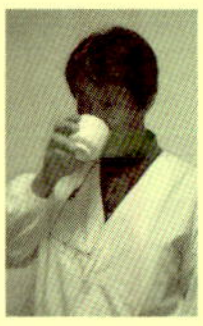

醸造責任者
小林幹男 さん

「『酒は食事と共に』の思いで酒を醸す。特に日本海の白身魚との相性は抜群」

渡辺酒造店

代表銘柄「根知男山《ねちおとこやま》」
創業 明治元（1868）年
住所／糸魚川市根小屋 1197-1
TEL025-558-2006［ホームページ○］

蔵見学○(無料、要予約、4月～10月・日・土曜一部除く)

「米作りから始める、産地に根ざした
テロワールを語れる酒」

猪又酒造

代表銘柄「月不見の池《つきみずのいけ》」
創業 明治 23（1890）年
住所／糸魚川市新町 71-1
025-555-2402［ホームページ○］

蔵見学 X

杜氏
佐藤良一さん

「使用米や精白にこだわり、
ふだん呑まれる酒の品質を高める酒造り」

君の井酒造

代表銘柄「君の井《きみのい》」
創業 天保 13（1842）年
住所／妙高市下町 3-11
TEL0255-72-3136［ホームページ○］

蔵見学○(無料、要予約、11月～12月・2月中旬～3月)

杜氏
早津宏 さん

「それぞれの米の特長を生かし、
旨みを十分に引き出した酒を造りたい」

千代の光酒造

代表銘柄「千代の光《ちよのひかり》」
創業 万延元（1860）年
住所／妙高市窪松原 656
TEL0255-72-2814［ホームページ○］

蔵見学○(無料、要予約、通年・4月～11月は日祝日除く)

杜氏
片桐清司 さん

「米、ひと粒ひと粒の旨さを引き出した、
味わいのある酒を目指す」

鮎正宗酒造

代表銘柄「鮎正宗《あゆまさむね》」
創業 明治 8（1875）年
住所／妙高市猿橋 636
TEL0255-75-2231［ホームページ○］

蔵見学（試飲販売のみ）○
（無料、要予約、通年・日祝日と蔵の休日除く）

杜氏
上石修治 さん

「蔵内より湧き出る湧水を生かして
柔らかな含みのある酒を醸したい」

大きな町から小さな村まで。
飲食店の軒先や通りでよく見かける
地酒の看板。
そこに書かれた銘柄は
その土地の歴史や風土への
想像をかきたてます。
新潟県内各地に存在する
個性豊かな銘柄を冠した地酒たち。
そして、それらの地酒を育む酒蔵。
たとえ見学ができなくても
酒蔵のある風景を歩くだけで、
心地いいノスタルジーに包まれます。

蔵のある町を訪ねてみませんか。

地酒を買うならココへ！　新潟の酒屋さん

喜右ヱ門

〒952-1325 佐渡市窪田 6-2 セントラルタウン内
TEL 0259-57-5808
両津港から車で 30 分

ホームページ	×
ネット販売	×
主な取扱銘柄	金鶴、久保田、真稜、八海山、北雪、天領盃
定休日	1,4,5,6,9,11 月の第 3 木曜
営業時間	10:00～20:00

呑んだら佐渡が香るお酒を応援しています。

よろづ

〒952-1314 佐渡市河原田本町 213
TEL 0259-57-3000 FAX 0259-57-2159
両津港から車で 30 分

ホームページ	×
ネット販売	×
主な取扱銘柄	越乃寒梅、北雪、金鶴、真野鶴、真稜、天領盃
定休日	無休（元旦のみ）
営業時間	9:00～19:00

佐渡の地酒を中心に各種取りそろえています。

北村酒店

〒950-1558 佐渡市相川町 2-45
TEL 0259-74-2256 FAX 0259-74-2253
両津港から車で 1 時間

ホームページ	○
ネット販売	○
主な取扱銘柄	北雪、天領盃、金鶴、真野鶴、真稜
定休日	無休
営業時間	7:30～19:30

お客様が求めているお酒、探します。

田村酒店

〒958-0843 村上市上町 1-31
TEL 0254-53-3048 FAX 0254-53-3049
JR 村上駅から車で 5 分

ホームページ	○
ネット販売	○（一部商品）
主な取扱銘柄	〆張鶴、大洋盛、越乃寒梅、八海山、鮎正宗
定休日	無休
営業時間	8:45～19:30

地酒メインのお店。お気軽にご来店ください。

地酒の店・たむら

〒958-0037 村上市瀬波温泉 2-8-4
TEL 0254-52-2492 FAX 0254-52-1852
JR 村上駅から車で 10 分

ホームページ	○
ネット販売	○
主な取扱銘柄	〆張鶴、大洋盛、越乃景虎、北雪、白龍
定休日	無休
営業時間	8:00～21:00

瀬波温泉に来たら、お立ち寄りください。

益田甚兵衛酒店

〒958-0876 村上市塩町 7-11
TEL 0254-52-3014 FAX 0254-52-6352
JR 村上駅から車で 5 分

ホームページ	×
ネット販売	×
主な取扱銘柄	〆張鶴、大洋盛、鶴齢
定休日	不定休
営業時間	8:00～20:00

大正 8 年建築の町屋造の店舗をご覧ください。

加藤八十助酒店

〒958-0871 村上市久保多町 1-8
TEL 0254-52-2989 FAX 0254-52-7383
JR 村上駅から車で 5 分

ホームページ	×
ネット販売	×
主な取扱銘柄	〆張鶴、大洋盛、根知男山、こしのはくせつ
定休日	火曜
営業時間	6:30～19:30

味・感動・人のかけはしがモットーです。

酒のかどや

〒958-0867 村上市大欠 3-1
TEL 0254-53-4002 FAX 0254-53-5306
JR 村上駅から徒歩 5 分

ホームページ	○
ネット販売	○
主な取扱銘柄	〆張鶴、大洋盛、久保田、越乃景虎、緑川、麒麟山
定休日	無休
営業時間	8:30～19:30

こだわりの新潟清酒。笑顔になるお店です。

酒道楽 工藤

〒958-0833 村上市堀片 4-8
TEL 0254-53-2694 FAX 0254-52-1718
JR 村上駅から車で 5 分

ホームページ	○
ネット販売	×
主な取扱銘柄	大洋盛、道、〆張鶴、越乃寒梅、雪中梅、八海山
定休日	水曜
営業時間	9:00～20:00

人との出会い、酒との出会いを大切に。

大矢酒店

〒959-2637 胎内市長橋上 38-2
TEL 0254-43-3728 FAX 0254-43-4004
JR 中条駅から徒歩 20 分

ホームページ	×
ネット販売	×
主な取扱銘柄	〆張鶴、緑川、千代の光、久保田
定休日	月曜
営業時間	8:00～20:30

地酒専門、地酒一筋で生きていくつもりです。

田村酒店

〒959-2643 胎内市東本町 8-8
TEL 0254-43-2258 FAX 0254-43-2796
日東道中条 IC から車で 8 分

ホームページ	×
ネット販売	×
主な取扱銘柄	緑川、久保田、越乃寒梅、麒麟山、菊水
定休日	水曜
営業時間	9:00～19:00

幸せを分かち合える酒を販売します。

長嶋酒店

〒957-0053 新発田市中央町 4-6-5
TEL 0254-22-2812 FAX 0254-24-5754
JR 新発田駅から徒歩 10 分

ホームページ	×
ネット販売	×
主な取扱銘柄	菊水、王紋、初花、麒麟山、八海山
定休日	日曜
営業時間	8:30～20:30

ギフトも予算に合わせてご提案します。

ほんま商店

〒959-2435 新発田市川尻 43
TEL 0254-22-3307 FAX 0254-22-9777
日東道聖籠新発田 IC から車で 5 分

ホームページ	○
ネット販売	×
主な取扱銘柄	〆張鶴、ふじの井、菊水、麒麟山
定休日	毎月 1 日
営業時間	6:30～19:30

おいしい地酒と手作り弁当を扱っています。

彩酒房 大野屋

〒957-0065 新発田市舟入町 1 - 2 -34
TEL 0254-22-4579 FAX 0254-26-6215
JR 西新発田駅から徒歩 15 分

ホームページ	×
ネット販売	×
主な取扱銘柄	清泉、八海山、鮎正宗、越乃景虎、想天坊
定休日	第 2 日曜
営業時間	8:00～20:00

お酒初心者も安心してお任せください。

いからし酒店

〒959-2021 阿賀野市中央町 2-5-27
TEL 0250-62-2143 FAX 0250-63-2143
JR 水原駅から徒歩 10 分

ホームページ	×
ネット販売	×
主な取扱銘柄	久保田、八海山、雪中梅、麒麟山、白龍
定休日	第 2、3 日曜
営業時間	8:00～20:00

明治から続く阿賀野市の老舗です。

酒のいのうえ

〒959-2003 阿賀野市安野町 5 -15
TEL 0250-62-2214 FAX 0250-62-2267
JR 水原駅から徒歩 7 分

ホームページ	○
ネット販売	○
主な取扱銘柄	越乃寒梅、萬寿鏡、越乃景虎、麒麟山、鶴齢
定休日	日曜
営業時間	8:00～19:30

店主厳選のうまいお酒をお届けします。

酒のわんず

〒956-0025 新潟市秋葉区古田 1 - 1 -11
TEL 0250-22-0317 FAX 0250-23-2317
JR 新津駅から車で 3 分

ホームページ	○
ネット販売	×
主な取扱銘柄	久保田、越州、越乃景虎、麒麟山、菅名岳
定休日	日曜
営業時間	8:00～19:30

お客様に合ったお酒をお選びします。

小島屋酒店

〒950-0125 新潟市江南区亀田新明町 5-1-10
TEL 025-381-3063 FAX 025-381-7818
JR 亀田駅から徒歩 15 分

ホームページ	○
ネット販売	○
主な取扱銘柄	越乃寒梅、久保田、越乃景虎、鮎正宗、想天坊
定休日	日、祝日
営業時間	8:30～20:00

若い人にもっと日本酒を楽しんでほしいです。

新し屋酒店

〒950-0131 新潟市江南区袋津 4 - 2 -20
TEL 025-382-2345 FAX 025-381-4440
JR 亀田駅から車で 5 分

ホームページ	○
ネット販売	○
主な取扱銘柄	越乃寒梅、八海山、麒麟山、越の華、久保田
定休日	日、祝日
営業時間	9:00～19:00

徹底した品質管理の下で販売しています。

外山酒店

〒950-3321 新潟市北区葛塚 3447
TEL & FAX 025-387-3158
JR 豊栄駅から徒歩 5 分

ホームページ	×
ネット販売	×
主な取扱銘柄	越乃梅里、伝衛門、越乃八豊、菅名岳、越州
定休日	第 3 日曜
営業時間	7:00～20:00

囲炉裏のある店内で、お客様との対話第一。

宮島酒店

〒950-0823 新潟市東区東中島 2-7-27
TEL 025-276-1878 FAX 025-276-0712
JR 東新潟駅から徒歩 3 分

ホームページ	○
ネット販売	○
主な取扱銘柄	越乃寒梅、久保田、八海山、鶴の友、緑川
定休日	無休
営業時間	9:00～20:00

蔵元の思いをそのままお客様に伝えます。

くにかね酒店

〒950-0836 新潟市東区東中野山 4-1-7
TEL 025-276-5511 FAX 025-276-2126
JR 東新潟駅から徒歩 7 分

ホームページ	○
ネット販売	○
主な取扱銘柄	〆張鶴、麒麟山、久保田、清泉、真稜、鮎正宗
定休日	無休
営業時間	9:00～20:00

先入観を持たず、様々な地酒を試してください。

花屋酒店

〒950-0014 新潟市東区松崎 1 -27-12
TEL 025-273-0538 FAX 025-273-0535
新潟空港から車で 5 分

ホームページ	○
ネット販売	○
主な取扱銘柄	越乃寒梅、八海山、雪中梅、久保田、越乃景虎
定休日	日曜
営業時間	8:00～20:00

水と米と風土が越後杜氏の技と英知で至高の酒になる。

田才酒店

〒950-0855 新潟市東区東江南 1-6-37
TEL＆FAX 025-286-1709
JR 新潟駅から車で 8 分

ホームページ	○
ネット販売	○
主な取扱銘柄	真稜、月不見の池、越の雄町、越後美人、こしのはくせつ
定休日	日曜
営業時間	9:00～20:00

純米酒をメインに地酒約 70 銘柄を扱っています。

丸津屋酒店

〒950-0922 新潟市中央区山二ツ 4 丁目 12-29
TEL 025-286-0202 FAX 025-286-2102
JR 越後石山駅から徒歩 12 分

ホームページ	×
ネット販売	×
主な取扱銘柄	鶴の友、〆張鶴、八海山、久保田、越乃寒梅
定休日	日、祝日
営業時間	9:30～19:00

地元に愛されているお店です。

松澤酒店

〒950-0904 新潟市中央区水島町 7-21
TEL 025-244-7538 FAX 025-247-3206
JR 新潟駅から徒歩 5 分

ホームページ	×
ネット販売	×
主な取扱銘柄	越乃寒梅、雪中梅、八海山、麒麟山、鶴齢、萬寿鏡
定休日	第 3 日曜
営業時間	9:00 ～ 18:00

呑んでも、差し上げても喜ばれる品であるように。

大坂酒店

〒 951-8065 新潟市中央区東堀通 5-425
TEL＆ FAX 025-222-7877
JR 新潟駅から車で 8 分

ホームページ	×
ネット販売	×
主な取扱銘柄	〆張鶴、久保田、越州、呼友、緑川、麒麟山、鶴の友
定休日	日、祝日
営業時間	8:00 ～ 18:00

人生の楽しみとなるお酒との出会いをお手伝い。

酒の寿屋

〒950-0915 新潟市中央区鐙西 1 - 9 -11
TEL 025-246-1848 FAX 025-241-5995
JR 新潟駅から徒歩 10 分

ホームページ	×
ネット販売	×
主な取扱銘柄	越後杜氏、久保田、越乃景虎、八海山、越後鶴亀
定休日	日、祝日
営業時間	8:00～20:30

徹底した温度管理と品質管理に自信があります。

中善酒店

〒950-0865 新潟市中央区本馬越 2-13-2
TEL＆ FAX 025-245-6769
JR 新潟駅から車で 8 分

ホームページ	○
ネット販売	×
主な取扱銘柄	久保田、越乃寒梅、村祐、麒麟山、越の雄町
定休日	日、祝日
営業時間	9:00～19:30

造り手の心を伝える商いを目指しています。

池乗酒店

〒951-8066 新潟市中央区東堀前通 10 番町 1781
TEL 025-222-6768 FAX 025-224-8127
JR 新潟駅から車で 8 分

ホームページ	○
ネット販売	○
主な取扱銘柄	越乃寒梅、麒麟山、八海山、雪中梅、久保田
定休日	日、祝日
営業時間	8:00～19:30

新潟のうまい地酒、たくさんあります。

早福酒食品店

〒951-8162 新潟市中央区関屋本村町 2-305
TEL 025-266-8101　FAX 025-266-8105
新潟バイパス女池 IC から車で 8 分

ホームページ	×
ネット販売	×
主な取扱銘柄	越乃寒梅、鶴の友、〆張鶴、千代の光、久保田
定休日	日、祝日
営業時間	8:00〜20:00

迷ったら声をかけてください。ご紹介します。

古町新益社酒店

〒951-8063 新潟市中央区古町通 7-1000
TEL 025-222-2471　FAX 025-223-4330
JR 新潟駅から車で 8 分

ホームページ	×
ネット販売	×
主な取扱銘柄	越乃寒梅、久保田、かたふね、吟田川、麒麟山
定休日	水曜、第 3 日曜
営業時間	10:00〜19:30

新潟地酒、地方発送うけたまわります。

片山酒店

〒951-8106 新潟市中央区東大畑通 2 番町 471
TEL 025-225-3741　FAX 025-225-3742
JR 新潟駅から車で 8 分

ホームページ	×
ネット販売	×
主な取扱銘柄	緑川、越乃景虎、麒麟山、越乃寒梅、久保田
定休日	日、祝日
営業時間	8:00〜20:00

酒、咲け。

白井商店

〒951-8068 新潟市中央区上大川前通 5 番町 100
TEL 025-222-3378　FAX 025-222-4995
JR 新潟駅から車で 8 分

ホームページ	×
ネット販売	×
主な取扱銘柄	久保田、〆張鶴、鶴の友、鮎正宗、和楽互尊
定休日	日、祝日
営業時間	9:00〜19:00

創業寛政十年。新潟地酒専門に扱っています。

清水酒店

〒951-8055 新潟市中央区礎町通り 2 ノ町 2082
TEL & FAX 025-222-2782
JR 新潟駅から車で 8 分

ホームページ	○
ネット販売	○
主な取扱銘柄	金鵄盃、住乃井、鶴の友、萬寿鏡、越の白鳥
定休日	日曜、祝日
営業時間	8:00〜19:00

珍しい地酒もあるので、新しい味に出会えます。

地酒防衛軍 吉川酒店

〒951-8043 新潟市中央区西厩島町 2346
TEL & FAX 025-222-2832
JR 新潟駅から車で 8 分

ホームページ	×
ネット販売	×
主な取扱銘柄	〆張鶴、麒麟山、緑川、久保田、長者盛
定休日	日曜、祝日
営業時間	9:00〜20:00

日本酒は心にもお肌にもおすすめ。でも呑みすぎは ×。

西巻商店

〒951-8068 新潟市中央区上大川前通 3-21-2
TEL 025-222-3431　FAX 025-228-3140
JR 新潟駅から車で 8 分

ホームページ	×
ネット販売	×
主な取扱銘柄	久保田、八海山、越乃寒梅、雪中梅、緑川
定休日	火曜
営業時間	9:30〜20:00

しっかりとした姿勢の蔵元の地酒を置いています。

ヤマメ屋 飯原酒店

〒951-8145 新潟市中央区有明台 1-15
TEL 025-266-3843　FAX 025-266-3841
JR 関屋駅から徒歩 10 分

ホームページ	×
ネット販売	×
主な取扱銘柄	越乃寒梅、八海山、久保田、越州、鶴の友
定休日	無休
営業時間	8:30〜21:00

渓流釣り好きが集まるお店です。

酒のよしや

〒950-0923 新潟市中央区姥ケ山 2-8-7
TEL 025-286-1251　FAX 025-286-3856
日東道亀田 IC から車で 5 分

ホームページ	×
ネット販売	×
主な取扱銘柄	越乃寒梅、越州、久保田、麒麟山、鶴の友
定休日	日曜
営業時間	8:00〜21:00

いつでも笑顔でお客様をお迎えします。

千屋

〒951-8067 新潟市中央区本町 6-1119-1
TEL 025-223-1008　FAX 025-222-0380
JR 新潟駅から車で 8 分

ホームページ	○
ネット販売	○
主な取扱銘柄	越乃寒梅、雪中梅、八海山、北雪
定休日	日曜、祝日
営業時間	9:00〜18:30

色々な地酒を呑んでお気に入りを見つけてください。

地酒の都屋

〒950-0952 新潟市中央区親松 2-3
TEL 025-285-0761　FAX 025-285-0760
新潟バイパス女池 IC から車で 5 分

ホームページ	×
ネット販売	×
主な取扱銘柄	麒麟山、久保田、緑川、八海山、雪中梅、清泉
定休日	無休
営業時間	8:00～19:00（日、祝日は 10:00～17:00）

日本人の心は、日本酒にあり !!

田辺酒店

〒951-8126 新潟市中央区学校町通 3-537-5
TEL 025-266-5681　FAX 025-266-5633
JR 白山駅から徒歩 5 分

ホームページ	×
ネット販売	×
主な取扱銘柄	菅名岳
定休日	日、祝日
営業時間	9:00～19:30

名水を汲んで仕込む銘酒「菅名岳」をぜひ。

やしち酒店

〒950-2112 新潟市西区内野町 524
TEL 025-262-2051　FAX 025-261-0988
JR 内野駅から徒歩 1 分

ホームページ	×
ネット販売	×
主な取扱銘柄	鶴の友、菊水、越乃寒梅、八海山、久保田
定休日	無休
営業時間	8:00～20:00

創業から約 110 年間、年中無休。

前田商店

〒950-1115 新潟市西区鳥原 2595-8
TEL 025-377-6327　FAX 025-377-7981
北陸道黒埼 IC から車で 10 分

ホームページ	○
ネット販売	×
主な取扱銘柄	〆張鶴、金鶴、笹祝
定休日	日曜
営業時間	8:00～20:00

適量飲酒。上手に呑めば酒は百薬の長。

岡本酒店

〒950-2151 新潟市西区内野西 1-15-1
TEL 025-262-2322　FAX 025-263-2171
JR 内野駅から徒歩 15 分

ホームページ	×
ネット販売	×
主な取扱銘柄	鶴の友、高千代、萬寿鏡、鮎正宗、越乃白銀、月不見の池、かたふね
定休日	無休
営業時間	7:00～20:00

自分が本当に旨いと思う地酒を、少数精鋭。

岡島酒店

〒953-0041 新潟市西蒲区巻甲 574
TEL 0256-72-2249　FAX 0256-72-1770
JR 巻駅から徒歩 5 分

ホームページ	×
ネット販売	×
主な取扱銘柄	米百俵、久保田、笹祝
定休日	日曜
営業時間	8:00～20:00

まき鯛車商店街に遊びに来てください。

長谷川屋

〒953-0072 新潟市西蒲区鷲ノ木 273
TEL 0256-72-2858　FAX 0256-73-3868
北陸道巻潟東 IC から車で 15 分

ホームページ	×
ネット販売	×
主な取扱銘柄	久保田、八海山、雪中梅、村祐、鮎正宗
定休日	火曜
営業時間	9:00～19:00

私が呑みたい酒を置いています。

新潟地酒　岸本商店

〒950-0041 新潟市西蒲区巻甲 2186-11
TEL & FAX 0256-72-2446
JR 巻駅から徒歩 5 分

ホームページ	○
ネット販売	○
主な取扱銘柄	笹祝、越後鶴亀、峰乃白梅、宝山、鶴の友、和楽互尊
定休日	日曜
営業時間	9:00～20:00

自然の中で育つ新潟の地酒をお届けします。

吉川酒店

〒959-0426 新潟市西蒲区矢島 43
TEL 0256-88-2138　FAX 0256-88-3196
ＪＲ越後曽根駅から徒歩 10 分

ホームページ	○
ネット販売	○
主な取扱銘柄	久保田、〆張鶴、笹祝、宝山、かたふね、越の関
定休日	毎月 4 のつく日（4・14・24）
営業時間	9:00～19:30

ワインカーブがあり、地酒とともにワインも充実。

田舎酒屋こめや

〒950-1456 新潟市南区茨曽根 1841
TEL 025-375-2177　FAX 025-375-2707
北陸道三条燕 IC から車で 15 分

ホームページ	○
ネット販売	○
主な取扱銘柄	越乃景虎、麒麟山、想天坊、鶴齢、鮎正宗
定休日	無休
営業時間	9:00～19:00

地酒を中心に幅広く取り扱っています。

枡屋商店

〒959-4402 東蒲原郡阿賀町津川 478-1
TEL 0254-92-2110 FAX 0254-92-2236
磐越道津川 IC から車で 3 分

ホームページ	○
ネット販売	○
主な取扱銘柄	麒麟山、麒麟、はでっぱの香、想天坊、越乃景虎
定休日	水曜
営業時間	8:00〜19:00

地元の麒麟山、麒麟はすべてそろっています。

エンドウ酒店

〒959-1824 五泉市吉沢 1-8-28
TEL 0250-42-3063 FAX 0250-42-2118
JR 五泉駅から徒歩 6 分

ホームページ	×
ネット販売	×
主な取扱銘柄	越乃寒梅、雪中梅、八海山、久保田、野積杜氏
定休日	毎月 8,18,23,28 日
営業時間	9:00〜19:30

自ら歩いて集めたお酒もおすすめです。

リカーショップツルヤ

〒959-1836 五泉市南本町 1-6-62
TEL 0250-42-4575 FAX 0250-42-2100
JR 五泉駅から徒歩 7 分

ホームページ	×
ネット販売	×
主な取扱銘柄	菅名岳、越後杜氏、麒麟山、千代の光
定休日	無休
営業時間	8:00〜23:00

販売店限定の焼酎なども各種あります。

まるい酒店 神社前店

〒959-0323 西蒲原郡弥彦村弥彦 3022
TEL 0256-94-1515 FAX 0256-94-1516
JR 弥彦駅から徒歩 8 分

ホームページ	×
ネット販売	×
主な取扱銘柄	八海山、こしのはくせつ、極上吉乃川
定休日	無休
営業時間	9:00〜17:00

「来て良かった観光の弥彦」を心がけています。

酒屋やよい

〒959-0323 西蒲原郡弥彦村弥彦 1239-4
TEL 0256-94-5841 FAX 0256-94-5065
JR 弥彦駅から徒歩 7 分

ホームページ	○
ネット販売	○
主な取扱銘柄	雪中梅、鮎正宗、こしのはくせつ、村祐、鶴齢
定休日	水曜
営業時間	8:30〜18:30

弥彦にお立ち寄りの際は遊びに来てください。

高橋酒店

〒959-0323 西蒲原郡弥彦村大字弥彦 1240-1
TEL 0256-94-2242 FAX 0256-94-2242
JR 弥彦駅から徒歩 7 分

ホームページ	○
ネット販売	○
主な取扱銘柄	こしのはくせつ、越後鶴亀、笹祝、宝山、越路吹雪
定休日	無休
営業時間	9:00〜17:00

地元のお酒を厳選して置いています。

坂徳商店

〒959-1324 加茂市赤谷 2-18
TEL 0256-52-0801 FAX 0256-52-2062
JR 加茂駅から車で 5 分

ホームページ	○
ネット販売	○
主な取扱銘柄	萬寿鏡、加茂錦、久保田、越乃景虎、越乃雪椿
定休日	日曜、毎月 6、16、26 日
営業時間	8:00〜20:00

淡麗辛口の地酒中心にそろえています。

酒くま 熊倉酒店

〒959-1353 加茂市五番町 2-18
TEL 0256-52-0616 FAX 0256-53-3111
JR 加茂駅から徒歩 10 分

ホームページ	○
ネット販売	○
主な取扱銘柄	越乃雪椿、萬寿鏡、金鶴、菅名岳、〆張鶴
定休日	毎月 6,16,26 日
営業時間	8:30〜20:00

お客様の好みに合ったお酒をご提案します。

酒のまるかん

〒955-0071 三条市本町 5-1-64
TEL 0256-33-0109 FAX 0256-33-0577
JR 北三条駅から徒歩 8 分

ホームページ	○
ネット販売	○
主な取扱銘柄	久保田、越州、北翔、麒麟山、越乃酔鬼
定休日	日曜
営業時間	8:00〜19:30

蔵出荷時の品質を損なわない低温倉庫を完備。

中野酒店

〒955-0851 三条市西四日町 4-6-10
TEL 0256-35-3666 FAX 0256-35-3681
JR 三条駅から徒歩 15 分

ホームページ	×
ネット販売	×
主な取扱銘柄	久保田、〆張鶴、越乃寒梅、緑川、萬寿鏡
定休日	不定休
営業時間	7:00〜20:00

酒中に真心あり。酔う酒から味わう酒へ。

酒の みますや

〒955-0014 三条市西潟 30-1
TEL 0256-38-5757 FAX 0256-38-5959
JR 東三条駅から車で 7 分

ホームページ	×
ネット販売	×
主な取扱銘柄	久保田、越乃寒梅、〆張鶴、萬寿鏡、緑川
定休日	無休
営業時間	7:30〜20:00（日曜は〜19:00）

日本酒の文化を伝えたい。

港屋酒店

〒954-0057 見附市新町 1-11-47
TEL 0258-62-0170 FAX 0258-62-1893
JR 見附駅から車で 10 分

ホームページ	×
ネット販売	×
主な取扱銘柄	越乃寒梅、〆張鶴、久保田、越の鶴、壱醸
定休日	日曜
営業時間	8:00〜20:00

大正４年創業。おいしい晩酌をお届けします。

やまさく商店

〒954-0055 見附市嶺崎 1-9-66
TEL 0258-63-4321 FAX 0258-63-4538
JR 見附駅から車で 8 分

ホームページ	○
ネット販売	×
主な取扱銘柄	越乃寒梅、八海山、高千代、越乃景虎、清泉
定休日	第 2、4 月曜
営業時間	8:30〜20:00（日祝は 10:00〜17:00）

人と人のつながりを大切にしています。

酒のヒラセ国道店

〒954-0111 見附市今町 5-31-24
TEL 0258-66-4125 FAX 0258-66-8255
北陸道中之島見附 IC から車で 5 分

ホームページ	○
ネット販売	○
主な取扱銘柄	久保田、越州、〆張鶴、越乃寒梅、米百俵
定休日	不定休
営業時間	9:30〜20:30

酒よありがとう。

カネセ商店

〒940-2402 長岡市与板町与板乙 1431-1
TEL 0258-72-2062 FAX 0258-72-4180
北陸道中之島見附 IC から車で 20 分

ホームページ	○
ネット販売	○
主な取扱銘柄	山間、根知男山、久保田、想天坊、越乃景虎
定休日	月曜、第 3 日曜
営業時間	9:00〜19:00

造り手の情熱が伝わる酒を販売してます。

酒のにらさわ

〒940-0024 長岡市西新町 2-7-32
TEL 0258-32-0745 FAX 0258-32-0694
JR 北長岡駅から徒歩 8 分

ホームページ	×
ネット販売	×
主な取扱銘柄	越乃寒梅、久保田、雪中梅、越乃景虎、〆張鶴
定休日	日、祝日
営業時間	9:00〜19:30

新潟のお酒ばかりを置いてます。

山﨑酒店

〒954-0124 長岡市中之島 245-3
TEL 0258-66-2147 FAX 0258-66-2176
北陸道中之島見附 IC から車で 5 分

ホームページ	○
ネット販売	×
主な取扱銘柄	久保田、越乃景虎、越州、越の鶴、鶴齢
定休日	毎月 19 日
営業時間	8:00〜21:00

地域の情報発信のお店です。

川新酒店

〒940-1106 長岡市宮内 3-6-3
TEL 0258-32-3214 FAX 0258-35-1018
JR 宮内駅から徒歩 1 分

ホームページ	×
ネット販売	×
主な取扱銘柄	吉乃川、朝日山、美の川、越の雄町、緑川
定休日	無休
営業時間	8:00〜22:00

地域のためのお店です。

若月酒店

〒940-0854 長岡市中沢町 670-1
TEL 0258-33-5498 FAX 0258-33-5498
長岡東バイパス中沢 IC から車で 1 分

ホームページ	×
ネット販売	×
主な取扱銘柄	久保田、越州、八海山、緑川
定休日	日曜
営業時間	7:00〜19:00

お客様との会話を大切にしています。

前田屋

〒940-0043 長岡市土合 3-4-3
TEL 0258-33-3793 FAX 0258-33-3788
JR 長岡駅から車で 5 分

ホームページ	×
ネット販売	×
主な取扱銘柄	久保田、越州、長者盛、麒麟山、極上吉乃川
定休日	日曜
営業時間	8:00〜21:00

風土が人と酒を育み、酒は人をつなぐ。

酒の老舗中代

〒940-0087 長岡市千手 1-1-16
TEL 0258-32-2541 FAX 0258-36-0332
JR 長岡駅から車で 5 分

ホームページ	×
ネット販売	×
主な取扱銘柄	久保田、八海山、越州、緑川
定休日	日、祝日
営業時間	8:30〜19:00

好きです、新潟のお酒。

阿部酒店

〒940-0021 長岡市城岡 1-3-5
TEL 0258-38-0338 FAX 0258-32-9346
JR 北長岡駅から徒歩 1 分

ホームページ	×
ネット販売	×
主な取扱銘柄	八海山、久保田、越州、緑川、千代の光
定休日	日曜
営業時間	8:30〜19:00

元気で明るく楽しいお店です。

五十嵐酒店

〒940-0867 長岡市豊 1-11-6
TEL 0258-34-5358 FAX 0258-34-5310
JR 長岡駅から車で 10 分

ホームページ	○
ネット販売	×
主な取扱銘柄	久保田、越州、〆張鶴、雪中梅、越乃景虎
定休日	日、祝日
営業時間	8:30〜19:30

来てよかった、買ってよかった、楽しい店。

今議商店 希望が丘店

〒940-2124 長岡市希望が丘 3-9-16
TEL 0258-27-2608 FAX 0258-27-5466
JR 長岡駅から車で 15 分

ホームページ	×
ネット販売	×
主な取扱銘柄	久保田、越州、緑川
定休日	日曜
営業時間	8:00〜19:00

お酒好きな人が集まる店です。

樺沢酒店

〒940-2463 長岡市川袋町 9 8 7
TEL 0258-27-5651 FAX 0258-27-5686
北陸道中之島見附 IC から車で 20 分

ホームページ	×
ネット販売	×
主な取扱銘柄	越乃白雁、朝日山、吉乃川
定休日	第 2、3 月曜
営業時間	7:00〜20:00

多くの人に晩酌を楽しんでもらいたい。

地酒サンマート

〒940-2114 長岡市北山 4-37-3
TEL 0258-28-1488 FAX 0258-29-4068
関越道長岡 IC から車で 5 分

ホームページ	○
ネット販売	○
主な取扱銘柄	〆張鶴、越乃景虎、鶴齢、村祐、根知男山
定休日	無休
営業時間	9:30〜20:00

おいしいお酒をそろえてお待ちしています。

やまたい酒店

〒940-0223 長岡市栃尾本町 4-34
TEL 0258-52-2260 FAX 0258-52-4848
JR 長岡駅から車で 40 分

ホームページ	○
ネット販売	○
主な取扱銘柄	越の鶴、越乃景虎、久保田、越州、麒麟山
定休日	日曜
営業時間	8:00〜20:00

四季折々のおいしいお酒を旬の味とともに。

三清酒店

〒945-0046 柏崎市四谷 3-2-44
TEL 0257-22-3354 FAX 0257-22-3617
JR 東柏崎駅から徒歩 10 分

ホームページ	○
ネット販売	○
主な取扱銘柄	久保田、越州、八海山、清泉、麒麟山
定休日	日曜
営業時間	8:30〜19:00

美味しいお酒をそろえてお待ちしています。

高橋節雄商店

〒945-0831 柏崎市柳橋町 6-30
TEL 0257-22-2869 FAX 0257-24-8166
JR 柏崎駅から徒歩 10 分

ホームページ	×
ネット販売	×
主な取扱銘柄	久保田、呼友、麒麟山、銀の翼、極上吉乃川
定休日	無休（正月 3 日、お盆）
営業時間	8:00〜20:00

安心、安全で信頼できる新潟清酒がそろってます。

酒の新茶屋

〒949-3661 柏崎市青海川 187
TEL 0257-26-2522 FAX 0257-35-5333
北陸道米山 IC から車で 1 分

ホームページ	○
ネット販売	○
主な取扱銘柄	吟田川、八海山、雪中梅、金鶴、銀の翼
定休日	水曜（12 月は無休）
営業時間	10:00〜18:00

珍しい地酒・地域限定酒などそろってます。

宮幸酒店

〒948-0061 十日町市 179-1
TEL 025-752-2558 FAX 025-752-6558
JR 十日町駅から徒歩 9 分

ホームページ	×
ネット販売	×
主な取扱銘柄	松乃井、天神囃子、久保田、八海山、鶴齢
定休日	無休
営業時間	9:00〜20:00（日曜は 10:00〜19:00）

うれしい、楽しい、おいしい。

芳屋商店

〒948-0031 十日町市山本 880-1
TEL 025-752-2448 FAX 025-757-4480
JR 十日町駅から徒歩 5 分

ホームページ	○
ネット販売	○
主な取扱銘柄	村祐、鶴齢、松乃井、越乃景虎、天神囃子
定休日	日曜
営業時間	9:00〜19:30

雪降る里で育った酒は芳屋自慢の越後酒。

たいせいや

〒949-6600 南魚沼市六日町 2332-2
TEL 025-772-3864 FAX 025-772-8852
JR 六日町駅から徒歩 5 分

ホームページ	○
ネット販売	○
主な取扱銘柄	八海山、鶴齢、長者盛、高千代、越乃白雁
定休日	無休
営業時間	9:00〜20:00

魚沼の地酒ならおまかせください。

酒のいまい

〒948-0088 十日町市駅通 237-3
TEL 025-752-2954 FAX 025-757-0883
JR 十日町駅から徒歩 2 分

ホームページ	×
ネット販売	×
主な取扱銘柄	天神囃子、松乃井、苗場山、久保田、八海山
定休日	無休
営業時間	8:00〜20:00

おいしい地酒が買える店です。

喜久新酒店

〒949-6103 南魚沼郡湯沢町大字土樽 43-38
TEL 025-787-3162 FAX 025-787-6388
JR 岩原スキー場前駅から徒歩 2 分

ホームページ	×
ネット販売	×
主な取扱銘柄	鶴齢、八海山、白瀧、高千代、極上吉乃川
定休日	無休
営業時間	8:30〜21:00

魚沼の地酒を取りそろえています。

タカハシヤ

〒949-6101 南魚沼郡湯沢町東口駅前
TEL 025-784-2115 FAX 025-785-5166
JR 越後湯沢駅から徒歩 1 分

ホームページ	○
ネット販売	○
主な取扱銘柄	白瀧、鶴齢、久保田、〆張鶴、高千代
定休日	無休
営業時間	9:00〜19:00

越後湯沢駅東口すぐ前の店です。

浪花屋酒店

〒949-6101 南魚沼郡湯沢町湯沢 1-4-3
TEL 025-784-3316 FAX 025-784-4868
JR 越後湯沢駅から徒歩 3 分

ホームページ	○
ネット販売	○
主な取扱銘柄	白瀧、八海山、鶴齢、長者盛、高千代
定休日	水曜
営業時間	8:00〜19:00

地域の皆様に愛されている店です。

ほていや酒店

〒943-0834 上越市西城町 2-2-17
TEL 025-524-3837 FAX 025-524-7099
JR 高田駅から徒歩 9 分

ホームページ	×
ネット販売	×
主な取扱銘柄	雪中梅、千代の光、鮎正宗、君の井、かたふね
定休日	日曜
営業時間	9:00〜19:30

ひとりひとりに合ったお酒をお選びします。

酒のおおやま

〒943-0833 上越市大町 4-4-7
TEL 025-522-5210 FAX 025-523-3162
JR 高田駅から徒歩 5 分

ホームページ	○
ネット販売	○
主な取扱銘柄	雪中梅、吟田川、〆張鶴、菅名岳、銀の翼
定休日	無休
営業時間	8:30〜20:00（日祝は〜18:00）

上越の地酒を中心にそろえています。

松井酒舗

〒943-0833 上越市南本町 1-4-16
TEL&FAX 025-523-2841
JR 南高田駅から徒歩 10 分

ホームページ	×
ネット販売	×
主な取扱銘柄	雪中梅、千代の光、鮎正宗、越州、かたふね
定休日	無休
営業時間	7:00〜20:30

地元上越地域のお酒がそろっています。

石川酒店

〒943-0841 上越市南本町 3-3-15
TEL 025-523-2488 FAX 025-526-1867
JR 南高田駅から徒歩 10 分

ホームページ	×
ネット販売	×
主な取扱銘柄	かたふね、雪中梅、越乃雪月花、千代の光
定休日	日曜
営業時間	8:30～21:00

お酒の楽しさを語れる店です。

酒のあいざわ

〒942-0061 上越市春日新田 2-11-9
TEL＆FAX 025-543-2822
JR 直江津駅から車で 6 分

ホームページ	○
ネット販売	○
主な取扱銘柄	吟田川、越乃寒梅、雪中梅、金鶴
定休日	水曜
営業時間	9:00～21:00

楽しんで酒店をやっています。

西沢商店

〒942-0004 上越市西本町 1-16-16
TEL 025-543-2400 FAX 025-544-8558
JR 直江津駅から徒歩 3 分

ホームページ	○
ネット販売	○
主な取扱銘柄	雪中梅、越乃景虎、緑川、清泉
定休日	第 1、2、3 水曜
営業時間	8:30～20:00

自社の手作りみそと国産みそづけが大人気。

増井商店エルマール店

〒942-0004 上越市西本町 3-8-8
TEL 025-543-2744 FAX 025-543-2765
JR 直江津駅から徒歩 7 分

ホームページ	○
ネット販売	○
主な取扱銘柄	雪中梅、鮎正宗、吟田川
定休日	無休
営業時間	10:00～20:00

ショッピングセンター内の地酒専門店です。

横川酒店

〒942-0061 上越市春日新田 1-20-2
TEL 025-543-2609 FAX 025-543-2610
北陸道上越 IC から車で 5 分

ホームページ	×
ネット販売	×
主な取扱銘柄	雪中梅、かたふね、越乃雪月花、能鷹、越乃景虎
定休日	第 3 日曜
営業時間	8:00～20:00

直江津港に向かう 350 号線沿いのお店。

大塚屋酒店

〒942-0001 上越市中央 2-14-24
TEL 025-543-2351 FAX 025-543-9054
JR 直江津駅から徒歩 15 分

ホームページ	×
ネット販売	×
主な取扱銘柄	鮎正宗、八海山、能鷹、越乃雪月花、雪中梅
定休日	無休
営業時間	9:00～21:00

県内の地酒を豊富にそろえています。

まいどや酒店

〒942-0061 上越市春日新田 1-13-16
TEL 025-543-6727 FAX 025-543-6987
JR 直江津駅から徒歩 15 分

ホームページ	○
ネット販売	×
主な取扱銘柄	久保田、かたふね、千代の光、鮎正宗、雪中梅
定休日	日曜
営業時間	9:00～19:45

清酒検定「金の達人」のいる店です。

山澤商店

〒941-0067 糸魚川市横町 1-4-10
TEL 025-552-0254 FAX 025-552-6917
JR 糸魚川駅から車で 5 分

ホームページ	○
ネット販売	×
主な取扱銘柄	根知男山、八海山、越乃景虎、久保田、雪中梅
定休日	日曜
営業時間	8:30～20:00

醸せしもののよさを伝えたい。

リカーショップひろせ

〒944-0075 妙高市猪野山 55-16
TEL 0255-70-1881 FAX 0255-70-1885
上信越道新井 IC から車で 1 分

ホームページ	×
ネット販売	×
主な取扱銘柄	北雪、かたふね、鮎正宗、鶴齢、越乃景虎
定休日	無休
営業時間	9:00～19:00

気に入ったお酒をそろえています。

山崎酒店

〒949-2106 妙高市田口 1174
TEL 0255-86-5500 FAX 0255-86-2805
JR 妙高高原駅から車で 5 分

ホームページ	○
ネット販売	○
主な取扱銘柄	君の井、千代の光、鮎正宗、農林壱號、越乃雪月花
定休日	無休
営業時間	8:00～20:00

地元にしかないお酒もあります。

新潟県内で開催される主な日本酒イベント

にいがた酒の陣

朱鷺メッセで開催される県内最大の地酒イベント。
3月中旬　◆お問合せ／新潟県酒造組合 TEL025-229-1218

酒屋の酒蔵めぐり／南魚沼の酒蔵4蔵見学ツアー

1回2蔵の見学と利き酒、試飲、地元の幸を味わえる昼食
11月、3月　◆お問合せ／湯沢町商工会 TEL025-784-2522

越後謙信SAKEまつり

上越市本町の商店街で、上越地区（上越、妙高、糸魚川）19の酒蔵の酒やワイン、どぶろく、地ビールなどが味わえる。
10月下旬（土・日曜）　◆お問合せ／実行委員会 TEL025-526-5111（上越市産業振興課）

糸魚川五蔵の酒を楽しむ会

ヒスイ王国館で開催される、糸魚川にある5蔵の地酒を味わえる会
11月上旬　◆お問合せ／小売酒販組合 TEL025-552-1225

新潟食の陣「お酒の楽校」

蔵元を招き、地酒と旬の食材を使った肴を味わいながら酒道を学ぶ女性限定の酒の会。
不定期（随時ホームページにアップ）　◆お問合せ／食の陣実行委員会 TEL025-222-6667

2010年の「にいがた酒の陣」には約8万7000人が来場。外国人の来場者も年々増加している。ステージでは酒造り唄などが披露された

蔵主催・共催イベント

1月初旬	菅名岳どっぱら清水　寒九の水くみ	近藤酒造（五泉市）P91
3月上旬	鶴齢の酒を楽しむ会	青木酒造（南魚沼市）P95
4月	銘酒帛乙女（きぬおとめ）を楽しむ会	金鵄盃酒造（五泉市）P91
4月中旬	蔵開放	吉乃川（長岡市）P92
4月中旬	髙千代蔵びらき	髙千代酒造（南魚沼市）P95
5月下旬（土曜）	雪中祭	高の井酒造（小千谷市）P94
6月	大洋盛を味わう会	大洋酒造（村上市）P88
6月	菅名岳初呑み切り	近藤酒造（五泉市）P91
7月～8月	雪中酒まつり	玉川酒造（魚沼市）P93
9月下旬（土曜）	酒米稲刈り体験！鮎もまるかじり！	髙千代酒造（南魚沼市）P95
10月初旬	酔星を楽しむ夕べ	近藤酒造（五泉市）P91
10月第2金曜	新潟かぎろひの会	朝日酒造（長岡市）P93
10月～11月末	梅酒まつり	玉川酒造（魚沼市）P93
11月上旬	しぼりたての酒と落語を楽しむ会	宮尾酒造（村上市）P89
11月中旬	銀の翼を楽しむ会	原酒造（柏崎市）P94
11月	唎酒大会	高野酒造（新潟市）P90
12月初旬	越後杜氏を楽しむ会	金鵄盃酒造（五泉市）P91
12月22日	長者盛と小千谷そばを楽しむ夕べ	新潟銘醸（小千谷市）P94
年6回程度	和創良酒の会	河忠酒造（長岡市）P93
随時	酒育セミナーなど	菊水酒造（新発田市）P89
10月～3月	あさひ日本酒塾	朝日酒造（長岡市）P93

※イベントは2010年8月現在の予定です。変更・中止になる場合もありますのでご了承ください。

蔵元主催の日本酒の会では、地元の特産物とともに地酒を味わえるという楽しみもある
（写真は「銘酒帛乙女を楽しむ会」）

cushu event

cushu のイベントも好評開催中です。

「cushu で英会話」

新潟を日本酒と食で元気にしていこう！と、

cushu book のメンバーをはじめ、酒屋さん、

英会話スクールの先生たちで作る“チーム・クシュ”が主催する、

作って呑んで楽しむイベント。

中島有香さんのてきぱき指導のもと、

cushu book で紹介しているレシピにトライ！

料理教室のあとは、お酒のプロがセレクトした

料理にぴったりな地酒とともに、味わいます。

お酒談義や英語ゲームなどなど。毎回盛り上がってます！

これからも随時開催予定。ぜひご参加ください。

※詳しくはcushuのwebサイト http://www.cushu.jp(P80)をチェック！

「cushu で英会話」では、糸魚川青年会議所の皆さんとコラボした南蛮エビを使った料理、サッカー日本代表を応援する対戦国料理など、毎回ユニークなテーマの料理教室を開催。作ったあとは、料理との相性抜群の日本酒とともに。最高に楽しくておいしいイベントです。

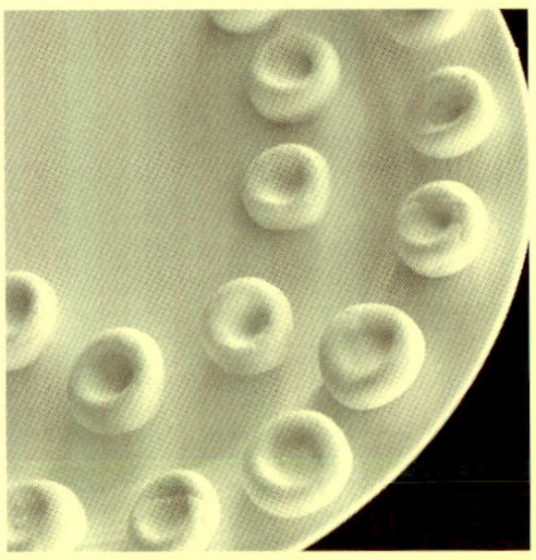
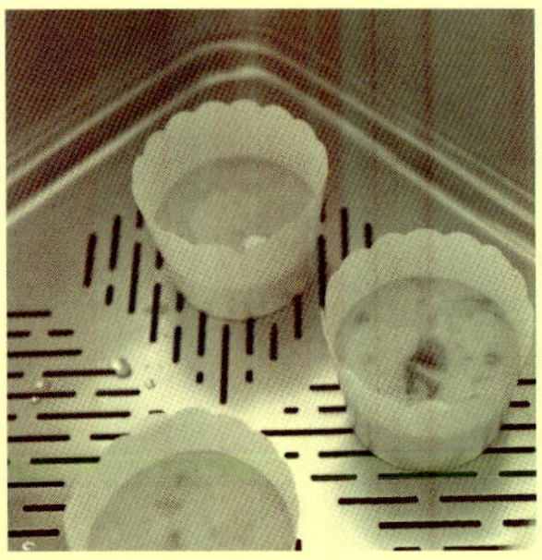

じっくり手をかけるか、ささっと作るか。
その日の気分で選べる

調理別さくいん

「焼く」

赤味噌クッキー　6
チーズ焼きりんご　16
オリーブスティック　18
焼きカマンベール　22
かぼちゃとパイのパフェ　30
黒糖ナッツのラスク風　32
越後姫のメレンゲ焼き　36
黒豆のビスコッティ風　42
ブルーチーズケーキ　46
ドライトマトのマドレーヌ　50
あんこ春巻き　58

「煮る」

いちじくの日本酒コンポート　28
ココナツライス　56

「ゆでる」

お餅のスイートバルサミコかけ　12
白玉のみたらし風　62

「揚げる」

揚げさつまいもの山椒砂糖まぶし　10
酒粕揚げボール　60
茶豆のワンタン揚げ　70

「蒸す」

梅干し蒸しパン　64

「冷やし固める」

黒酢のレアチーズ　8
ほうじ茶のミルクゼリー　20
コーヒーあずきかん　26
濃厚チョコゼリー　34
甘酒のアイスクリーム　40
豆乳のマンゴームース　48

カンタン！　「〜するだけ」レシピ

「溶かして混ぜるだけ」
ヨーグルトホワイトチョコクリーム　52

「溶かしてからめるだけ」
甘栗チョコ　68

「混ぜてまぶすだけ」
チーズ抹茶ボール　38

「混ぜて冷やすだけ」
ごまカスタード　72
とろーりきな粉ミルク　74

中島 有香

なかじま・ゆか

新潟市在住、大阪市出身。パリでフランス家庭料理を学び、東京で料理研究家として活躍後、結婚を機に新潟へ。料理教室や雑誌、テレビ、ラジオなどでかんたんでおいしいオリジナリティあふれる家庭料理を提案している。新潟移住をきっかけに地酒の魅力にはまり、日本酒とともにおいしさを広げあう料理を考案し続ける。利き酒師、新潟清酒名誉達人。主な著書に『日本酒でごはん』(恒文社)、『一度作れば見なくて作れる』(地球丸)、『生キャラメルとキャラメルおやつ』・『冷凍うどんで極うまレシピ』(ともに家の光協会)などがある。http://www.yuka-chotsu.com

cushu

クシュ book2

おとなのおやつ時間、はじめましょ

中島有香のお菓子で日本酒

2010年9月15日　発行

協力
新潟県酒造組合
新潟県醸造試験場
新潟酒販
オオタ・ダンボール
地酒防衛軍 吉川酒店

レシピ	中島有香
デザイン	山賀慶太(オオタ・ダンボール)
スタイリング	鈴木亜希子
撮影	村井勇
調理アシスタント	小川早苗
取材協力・文	笹川浩一
エグゼクティブプロデューサー	野本宗見
編集・文	高橋真理子

発行　株式会社ニール
〒950-2163　新潟市西区新中浜6-3-11
TEL025-261-7280
印刷　笹勇印刷株式会社

ISBN978-4-9904968-1-4
定価はカバーに表示してあります。
落丁・乱丁本はお取り替えいたします。